insel taschenbuch 4777
Nadja Mayer
Frankfurt – Lieblingsorte

LIEBLINGSORTE

Insel

FRANKFURT

NADJA MAYER

**MIT FOTOGRAFIEN
VON JOCHEN PETER**

Zitatnachweise

Das Gedicht »Der Kreis« von Ernst Herbeck auf Seite 141 stammt aus:
Ernst Herbeck, Im Herbst da reiht der Feenwind. Gesammelte Texte.
© 1992 Residenz Verlag GmbH Salzburg – Wien. Abdruck mit freundlicher
Genehmigung des Verlags.
Das Zitat von Blixa Bargeld auf Seite 157 wurde wiedergegeben nach:
Blixa Bargeld, Stimme frisst Feuer. © Merve Verlag 1988. Abdruck mit freundlicher
Genehmigung des Verlags.

Bildnachweis

Die Fotografien stammen von Jochen Peter; folgende Abbildungen wurden
zur Verfügung gestellt von: Eugen Hahn/Jazzkeller Frankfurt (33);
Ruth Löffelholz (68); Pietro Suter/Messe Frankfurt (71); Markus Bassler (79);
Ben Kuhlmann/F.A.Z. (149); Dirk Ostermeier (163); Salar Baygan (184);
Wiebke Grösch/Frank Metzger (233).

Erste Auflage 2020
insel taschenbuch 4777
Originalausgabe
© Insel Verlag Berlin 2020
Vertrieb durch den Suhrkamp Taschenbuch Verlag
Umschlaggestaltung und Layout: Marion Blomeyer, München
Illustrationen: Ryo Takemasa, Tokio
Karten: Peter Palm, Berlin
Satz: Greiner & Reichel, Köln
Druck: CPI – Ebner & Spiegel, Ulm
Printed in Germany
ISBN 978-3-458-36477-1

INHALTSVERZEICHNIS

Kleine große Stadt am Main

In kaum einer anderen Stadt verbinden sich Gegensätze scheinbar so mühelos wie in Frankfurt am Main. Die Stadt hat eine beeindruckende Skyline und ist dabei doch viel grüner als gedacht. Der Stadtwald etwa: Nirgendwo sonst in Deutschland findet sich ein derart großes und eng mit dem Stadtgebiet verbundenes Forstgebiet. Zudem gibt es mehr als vierzig Parks in der Stadt – vom Niddapark im Nordwesten bis zum Garten des Himmlischen Friedens im Bethmannpark. Frankfurt ist allerdings auch deutlich kleiner, als es die Skyline vermuten lassen würde. So kann man beinahe alle Stadtteile vom Zentrum aus bequem zu Fuß erkunden. Selbst vom Schweizer Platz südlich des Mains bis zur Nationalbibliothek unweit des Hauptfriedhofs braucht man fußläufig keine Stunde. Frankfurt ist außerdem eine sehr schnelle und laute Stadt. Wer etwa aus München, Stuttgart, Berlin oder Hamburg am Hauptbahnhof aussteigt, spürt sofort: Das Tempo ist höher hier am Main. Alles ist unablässig in Bewegung: ein pulsierender Strom sich kreuzender Wege, dem man sich nur schwer entziehen kann. Die Lautstärke wiederum kommt vor allem von den zahlreichen Baustellen. Frankfurt wächst. Und erfindet sich seit den 1950er Jahren ständig neu. Im Krieg arg zerstört und vielerorts nicht sehr behutsam wieder aufgebaut, galt sie vielen darum lange als hässlich – auch wenn sich im Gespräch dann meist herausstellte, dass man außer der Messe, dem Flughafen oder dem Bahnhof gar nichts gesehen hatte.

Die Frankfurterinnen und Frankfurter selbst sind seit eh und je stolz auf ihre Stadt. Man denke nur an das berühmte Gedicht von Friedrich Stoltze: »Es is kaa Stadt uff der weite Welt, Die so merr wie mei Frankfort gefällt, Un es will merr net in mein Kopp enei: Wie kann nor e Mensch net von Frankfort sei!«

»Bei uns in der Stadt«, fangen viele Geschichten und Anekdoten von Frankfurtern an. So erfährt man dann zum Beispiel, dass Frankfurter sich nicht als Hessen und Bornheimer wiederum sich nicht als Frankfurter fühlen. Dass der »Ginnheimer Spargel« eigentlich gar nicht in Ginnheim, sondern in Bockenheim steht. Oder dass der Mousonturm mit seinen 33 Metern das erste Hochhaus der Stadt war – in der einstigen Parfüm- und Seifenfabrik befindet sich seit 1988 ein Kulturzentrum für Tanz, Theater, Musik, Kunst und Performance.

Aktuell leben in Frankfurt Menschen aus hundertneunundsiebzig verschiedenen Nationen recht friedlich miteinander – also beinahe so viele, wie es Staaten auf der Welt gibt. »Leben und leben lassen« ist das unausgesprochene Motto der Mainmetropole. Und wer mit der türkischen Lebensmittelhändlerin in Bockenheim, dem libanesischen Friseur im Bahnhofsviertel oder dem italienischen Pizzabäcker im Westend spricht, wird auch von ihnen Geschichten hören, die häufig mit »Bei uns in der Stadt« beginnen. Wer einmal in der kleinen großen Stadt am Main heimisch geworden ist, will hier einfach nie mehr weg.

Innenstadt und Altstadt

Von Kaisern und Krönungswürstchen

OCHSENKÜCHE
RÖMERBERG 11
AREAL VOR DER ALTEN NIKOLAIKIRCHE
60311 FRANKFURT

Wer über den Römerberg geht, wird vermutlich eher nach oben schauen: hinauf zum Turm der Alten Nikolaikirche, von deren Dach während der Adventszeit ein Posaunenchor zu hören ist, hinüber zum Römer, dem Rathaus der Stadt, mit seiner charakteristischen Treppengiebelfassade oder zum Wahrzeichen auf dem Römerberg, der frisch sanierten Justitia auf dem Gerechtigkeitsbrunnen. Die Frankfurter Justitia fällt ihre Urteile übrigens sehenden Auges: Anders als bei zahlreichen anderen Darstellungen trägt sie keine Augenbinde.

Doch beim Schlendern über den meist von vielen Touristengruppen und Hochzeitsgästen

bevölkerten Römerberg offenbart auch ein Blick auf den Boden spannende Geschichten. Auf der Südseite des Platzes unweit der Nikolaikirche entdeckt man zwischen den Basaltpflastersteinen in einigem Abstand vier etwas größere Steine, die zusammen ein Rechteck markieren. Die Steine sind mit zwei Buchstaben versehen: OK. Was wie ein neuzeitliches Einverständnis daherkommt, ist in Wirklichkeit eine uralte Markierung. In Frankfurt fanden zwischen 1562 und 1792 insgesamt zehn Kaiserkrönungen statt, die mit einem großen Volksfest verbunden waren. Und bei diesen Volksfesten markierten die Pflastersteine mit den zwei Buchstaben den Standort der Ochsenküche – OK. Während der neue Herrscher nach der Krönung im Dom zum Krönungsmahl in den Kaisersaal des Römers schritt, wurden auf dem Römerberg für das Volk zur Feier des Tages Ochsen am Spieß gebraten. Die Ochsen waren teilweise sogar noch mit Frankfurter Würstchen gefüllt – aus diesem Grund nennt man sie auch »Krönungswürstchen«. Und aus dem Gerechtigkeitsbrunnen soll zu diesen Anlässen sogar Wein geflossen sein. Der Krönungsweg vom Dom zum Mahl im Römer führte quer durch die engen Gässchen der Frankfurter Altstadt, vorbei am Markt und dem prächtigen Haus »Zur Goldenen Waage«. Besucher können es den Kaisern inzwischen gleichtun: Die Frankfurter Altstadt ist mit viel Aufwand und Sachverstand rekonstruiert worden. »Frankfurt hat sein Herz zurück« titelte die Presse, nachdem das Jahrhundertprojekt zwischen Braubachstraße, Römerberg, Schirn und Domstraße 2018 vollendet war. Bis zum verheerenden Bombenangriff 1944 standen hier viele kleine Fachwerkhäuser. Dreißig Jahre später errichtete man auf dem Areal unter massivem Protest der Bürgerinnen und Bürger das Technische Rathaus: einen ewig ungeliebten grauen Klotz aus Waschbeton. Er wurde schließlich wieder abgerissen, um mehr als dreißig drei- bis vierstöckigen meist spitzgiebeligen Häusern Platz zu machen. Einige von ihnen sind Rekonstruktionen, bei anderen handelt es sich um Neubauten, die sich stilistisch in das Ensemble einfügen. Ob allerdings die Frankfurter ihre neue Altstadt so sehr ins Herz schließen werden, wie es die unzähligen Touristen bereits tun, bleibt abzuwarten.

Für die Eigentümer der Häuser am Römerberg waren die Kaiserkrönungen einst ein lukratives Geschäft. Ähnlich wie heute in Monte Carlo, wenn die Fahrer der Formel 1 durch die Stadt donnern, vermieteten sie Balkone und Fenster an Schaulustige, die den neugekrönten Kaiser über den Platz schreiten sehen wollten. Vom Besitzer des Hauses »Schwarzer Stern« wird berichtet, dass er sogar zusätzliche Luken ins Dach brechen ließ, um noch mehr Miete einzunehmen. Heute werden auf dem Platz vor dem Rathaus die Fußballerinnen und Fußballer bejubelt, wenn sie einen Pokal nach Hause bringen. Hier verläuft der rote Teppich, auf dem die Ironmen und -women ins Ziel laufen. Und hier findet außerdem seit 1393 der Frankfurter Weihnachtsmarkt statt. Vor dem Römer steht dann traditionell ein riesiger Weihnachtsbaum, dessen Wuchs und Gestalt immer ein paar Tage lang Stadtgespräch ist. »Krumm.« »Dürr.« »Schief.« So lauten regelmäßig die Meinungen der Bürgerinnen und Bürger. Ich kann mich nicht erinnern, wann die Tanne einmal gelobt wurde. Aber spätestens, wenn zum Start des Weihnachtsmarktes erstmals die festliche Beleuchtung am Baum eingeschaltet wird, ist alles vergessen. Und natürlich gibt es auf dem Weihnachtsmarkt auch Ochsen am Spieß.

2

Üppige Vielfalt unter schlichtem Dach

BAUER MANN
KLEINMARKTHALLE, GALERIE 1. OG,
STÄNDE 7-8
HASENGASSE 5-7
60311 FRANKFURT
FR 8-18 UHR, SA 8-16 UHR
WWW.KLEINMARKTHALLE.DE

Von außen eher unscheinbar, offenbart die schlichte Markthalle aus den 1950er Jahren mit ihrem schrägen Dach in ihrem Innern ein Paradies für Genießer. An rund sechzig Ständen werden Blumen, Pflanzen und Samen, Käse-, Wurst- und Fleischspezialitäten, Backwaren, Fisch und Meeresfrüchte, exotische Gewürze und Kräuter sowie natürlich Obst und Gemüse verkauft. Die heutige Vielfalt des Angebots verdankt sich vor allem den Gastarbeitern, die in den 1960er Jahren fremde Genüsse wie Auberginen, Basilikum, Oliven, Zucchini und Schafskäse nach Deutschland brachten. Mit den Jahren hat man seine Lieblingsstände für Obst, Gemüse,

Käse, Fisch und Fleisch. Man kennt sich, hält ein Schwätzchen über die Tomaten von letzter Woche, das Wetter am Wochenende, man tauscht Zubereitungstricks aus und wird auch schon mal vermisst, wenn seit dem letzten Einkauf ein paar Wochen ins Land gezogen sind.

Einige Stände haben Kultstatus. Täglich spätestens ab 11 Uhr bildet sich zum Beispiel vor dem Stand von Ilse Schreiber eine Schlange. Geduldig steht man hier an für ein Stück heiße Wurst – mit oder ohne Haut, mit Senf und Brötchen. Andere Stände wie der des Fischhändlers Burkard aus Seligenstadt unter der Treppe im Untergeschoss mit seinem Bassin voller Forel-

len, Karpfen, Welse und Schleien, bleiben hingegen ein Geheimtipp.

Einer der ältesten Stände in der Halle ist der von Bauer Mann auf der Galerie. Klaus Mann war schon mit seinem Opa hier, spielte hinterm Tresen, aber noch lieber verkaufte er der Kundschaft Eier. Auch heute ist die Auswahl an frischen Eiern von selbstverständlich freilaufenden Hühnern beachtlich: Es gibt Marans-, Perlhuhn-, Enten-, Wachtel- und Gänseeier. Eier vom Nackthalshuhn, grüne Eier und braune. Nach dem Großvater führte Vater Harro viele Jahre die Geschäfte. Da hingen noch Fasane offen am Stand. »Die Kunden haben die selbst gerupft, das kann ja heute keiner mehr«, erinnert sich Klaus Mann. Es ist zudem inzwischen aus hygienischen Gründen verboten.

Klaus Mann betreibt einen Hof in Groß-Zimmern bei Darmstadt. Nachhaltigkeit und artgerechte Tierhaltung sind für ihn eine Selbstverständlichkeit. »Keiner muss jeden Tag Fleisch essen«, sagt er. »Wir sind für den Sonntagsbraten zuständig.« Er ist auch überzeugtes Mitglied von Slow Food®. Die Philosophie, dass alles seine Zeit braucht, dass Ressourcen, Ökosysteme und Umwelt möglichst geschont werden und das Essen wohlschmeckend, nahrhaft und frisch sein sollte, ist auch seine.

Freitag und Samstag kommt er zum Verkaufen in die Kleinmarkthalle und hat für Feinschmecker so manche Besonderheit im Angebot, beispielsweise ungarische Mangalitza-Schweine, deren Fleisch besonders aromatisch ist, weil die Tiere das ganze Jahr über draußen sind und fressen, was sie finden: Gras, Rüben, Kartoffeln, Getreide. Ihr dickes Fell, das sie aussehen lässt wie geschorene Schafe, schützt sie vor Wind und Wetter. Klaus Mann hat außerdem Rinder, Schafe, Hühner, Gänse und Kaninchen. »Ich schlachte selbst, also muss ich auch alles verkaufen.« Auch in der gehobenen Küche beginnt sich gegenwärtig das Prinzip *from nose to tail* durchzusetzen. Die Füße vom Geflügel verkauft Mann häufig an asiatische Kunden. Selbst die Hahnenkämme finden Abnehmer. In der Frankfurter Gastronomie gilt der Name »Bauer Mann« etwas. Küchenchefs, die ihre Produkte von Klaus Mann aus Groß-Zimmern beziehen, vermerken dies gerne auf der Speisekarte.

Und wer sein Messer für den Sonntagsbraten, für das fachgerechte Zerlegen eines Hokkaidokürbisses oder das Schneiden von Möhren- oder Selleriejulienne erst noch schärfen lassen möchte: Am Stand von Kinya Terada werden montags und dienstags Messer nach alter japanischer Tradition geschliffen. Frankfurts beste Köche vertrauen ihm ihr Werkzeug an.

3

S 1-6, 8, 9, U 4-7 KONSTABLERWACHE

Gewebte Kulturgeschichte

BLANKET STORE
HASENGASSE 2
60311 FRANKFURT
TEL. 069 597 71 263
DI - SA 11-18 UHR
WWW.BLANKETSTORE.DE

Ein winziges Geschäft mitten in der Stadt: Man könnte es leicht übersehen. Doch wenn Natalie Gray ihren Laden öffnet, quillt es förmlich aus ihm heraus: Decken in allen Farben und Qualitäten – Sofadecken, etwas kleinere Kniedecken, Bettüberwürfe, Picknickdecken, Babydecken –, Schals und Kissen. In Frankfurt sagt man zu Decken übrigens »Kolter«.

Seit mehr als zehn Jahren betreibt die studierte Designerin ihren »Blanket Store«. Sie selbst habe schon immer gerne Decken verschenkt: zur Geburt, zur Hochzeit, aber auch wenn jemand traurig ist oder krank. Decken sind etwas Elementares. Decken wärmen, sind wie

wird, die später verwebt wird. Decken sind voluminös, und entsprechend voll und eng ist es im »Blanket Store«. Die pinkfarbene Mohairdecke aus Spanien sticht da sofort ins Auge. Dick, weich und fast schon nicht mehr stofflich. Aber es gibt auch die zurückhaltenderen Exemplare, die erst auf den zweiten Blick, dann aber umso heftiger begeistern: zum Beispiel die vom Bauhaus inspirierten Decken der beiden Designerinnen Wallace und Sewell aus England. Die gewalkte Decke »Yatara Miura Shibori« aus weicher Schurwolle und Kaschmir wirkt kindlich verspielt und spendet neben Wärme bestimmt auch Trost. Shibori ist eine traditionelle japanische Batiktechnik aus dem sechsten Jahrhundert, bei der der Stoff vor dem Färben aufwändig per Hand abgebunden, gefaltet oder abgenäht wird.

Natalie Gray hat sich inzwischen mit ihrem »Blanket Store« und vor allem mit ihrem Engagement für dieses besondere Stück Kulturgeschichte einen Namen gemacht. Sie wird von Webereien rund um den Globus eingeladen: So war sie schon in Bulgarien, in Peru, in Litauen, wo alles begann und man ihr die Decken erst gar nicht verkaufen wollte. »Sie sagten, das verkauft sich nur im Osten, aber ich glaube, die hatten

eine weiche Umarmung, bieten Schutz und Geborgenheit. Es gibt sie seit über 2000 Jahren in jeder Kultur – und sie sind überall anders.

Natalie Gray besucht regelmäßig Webereien, deren Produkte ihr interessant oder passend für ihr Geschäft erscheinen, und freut sich über engagierte Projekte wie »Teixidors« in Spanien, wo seit 1983 Menschen mit Lernschwierigkeiten beschäftigt werden. Man hat nämlich festgestellt, dass die hohe Qualität des Materials – Merinowolle und Kaschmir – beim Arbeiten zum Wohlbefinden beiträgt. Begeistert erzählt sie auch von »Studio Donegal«, einer kleinen Weberei im Nordwesten Irlands, wo sogar die Wolle noch selbst gesponnen auch ein bisschen Mitleid mit mir«, erzählt sie lachend. Inzwischen sind gerade die litauischen Decken ein Bestseller in ihrem Sortiment. Im norwegischen Røros, das auf einer windigen Hochebene liegt, wo es im Winter oft minus dreißig Grad und kälter werden kann, hat sie herrlich warme Decken aus Schurwolle gefunden. In ihrem kleinen Laden gibt es außerdem ungefärbte Schäferdecken aus Portugal und bunte, mehr als dreißig Jahre alte Baumwolldecken aus Marokko. Eine Besonderheit ist ein Bettüberwurf aus Wales, den sie von einer Frau erhalten hat, die Decken aus Wohnungsauflösungen oder auch aus Webereien rettet, die schließen müssen: Der Bettüberwurf fand sich in einer Haushaltsauflösung noch original verpackt. Vermutlich ein Hochzeitsgeschenk, das immer zu gut war, um benutzt zu werden. Bis es im »Blanket Store« in Frankfurt landete, um einen neuen Liebhaber oder eine neue Liebhaberin zu finden.

4

Das Wohnzimmer in der Anlage

WASSERHÄUSCHEN FEIN

PETERSSTRASSE 4

60313 FRANKFURT

TGL. 12–22 UHR

TEL. 01 573 068 8668

Schon mit fünfzig Pfennigen konnte man einen Großeinkauf starten: Colafläschchen, Gummiteufel, Lakritzschnecken, Speckmäuse und Lutscher kamen in eine kleine weiße Papiertüte und wurden über den Tresen gereicht. Ich kann mich noch genau an den Geruch erinnern, der aus dem kühlen Inneren der Häuschen, die außer dem Betreiber nie jemand betrat, strömte: süßlich, nach Gummibärchen, Papier und Tabak. Wasserhäuschen sind in Frankfurt eine Institution. Zwar steht fast immer »Trinkhalle« drauf, aber so nennt sie hier keiner. Zeitweise gab es bis zu 800 von ihnen in der Stadt: meist freistehend als wunderschöner Rundbau mit Flugdach oder auch in ein Gebäude integriert. Sie entstanden in der zweiten Hälfte des 19. Jahrhunderts mit dem Ziel, die Frankfurter vor dem Alkoholismus zu bewahren. Tatsächlich war das Frankfurter Leitungswasser nur genießbar, wenn es abgekocht wurde. Dazu waren aber viele oftmals zu bequem und griffen stattdessen lieber zu Bier und Schnaps. Als es endlich gelang, Mineralwasser so abzufüllen, dass auch die Kohlensäure in den Flaschen blieb, schlug die Stunde der Wasserhäuschen. Adam Jöst hatte die Idee, in allen Stadtteilen Büdchen zu installieren, an denen es das kohlensäurehaltige Wasser – das manche Frankfurter noch heute »Bitzelwasser« nennen – zu kaufen geben sollte. Daneben wurden anfangs auch Milch, Apfelsinen und Brennstoff angeboten. Und in einigen Wasserhäuschen gab es an der Theke eine immer brennende Gasflamme, an der sich Kunden ihre Zigarren und Zigaretten anzünden konnten.

Noch heute kauft man auf dem Weg zur Arbeit am Wasserhäuschen Zeitung und Zigaretten. Hier legt man sein erstes Taschengeld in Eis an und hier trinken viele auch – ganz gegen die ursprüngliche Bestimmung – ihr Bier und einen Schnaps dazu. Manche Betreiber bieten belegte Brötchen oder heiße Wurst an,

andere verwahren den Schlüssel der Nachbarin für den Besuch der Tante oder nehmen Päckchen an. Wer einen Handschuh auf der Straße findet, kann ihn am Wasserhäuschen abgeben. Hier kommt außerdem jeder mit jedem ins Gespräch: der Straßenkehrer mit der Hundebesitzerin, der Student mit dem Mann, dem das Schicksal erst die Arbeit und dann auch noch die Frau genommen hat. Wasserhäuschen sind so etwas wie die »Kneipe der kleinen Leute«. Doch die gelockerten Öffnungszeiten der Geschäfte und das erweiterte Angebot der Tankstellen, an denen es inzwischen vom Croissant bis zum gekühlten Bier alles gibt, machen den Wasserhäuschen zu schaffen. Teilweise sind auch die Auflagen der Stadt für die Betreiber schwierig umzusetzen: So muss mittlerweile jedes Wasserhäuschen eine Toilette haben, Sonnenschirme dürfen nur in einem bestimmten Abstand zum Häuschen stehen und wenn Sitzgelegenheiten aufgestellt werden, ist es den Betreibern wiederum nicht gestattet, offene Getränke zu verkaufen. Schätzungen zufolge gibt es heute noch etwa 300 dieser Büdchen im gesamten Stadtgebiet.

Hin und wieder beleben neue Pächter ein Wasserhäuschen mit neuen Ideen und leicht veränder-

tem Angebot. Wie etwa das in der Eschenheimer Anlage, das sich zum schmucken Café »Fein« gemausert hat und im Sommer zum beliebten Open-Air-Wohnzimmer wird: Kunterbunt zusammengewürfelte Stühle, Sessel und Tische breiten sich dann unter den Platanen der Grünanlage rund um das Büdchen aus. Es gibt Tee und Kaffee und statt der Speckmäuse und Lakritzschnecken werden jetzt veganer Blaubeer-Käsekuchen, Banana Bread und gegrillte Sandwiches angeboten. Wein und Bier stehen ebenfalls auf der Karte. Mit der Verwandlung vom Wasserhäuschen zum Minicafé hat sich auch die Kundschaft verändert:

Schon am Vormittag sitzen hier Mütter mit Kinderwägen, Hundebesitzer legen eine Kaffeepause ein, Freiberufler klappen ihre Laptops auf, Studenten tauschen Tipps für die WG-Suche aus.

Inzwischen hat sich die Frankfurter Denkmalpflege der Wasserhäuschen angenommen und auch der Verein »Linie 11 – Wir lieben Wasserhäuschen e. V.« engagiert sich für den Erhalt der Büdchen. Das allererste Wasserhäuschen – das »Jöst Nr. 1« – steht übrigens noch heute, und zwar im Osthafen. Nicht-Frankfurtern ist es vielleicht bekannt aus der Fernsehserie »Ein Fall für zwei«.

5

Natur im Glas

NATURWEINHANDLUNG COOL CLIMATE
BERLINER STRASSE 20
60311 FRANKFURT
DI – FR 14-19 UHR, SA 11-18 UHR
TEL. 069 830 49 155
WWW.COOLCLIMATE.DE

Als ich das erste Mal einen naturbelassenen Wein probierte, dachte ich tatsächlich: Mit dem Wein stimmt etwas nicht. Er schmeckte irgendwie roh und ungeschliffen, ein bisschen erdig, fast muffig, und: Er roch auch ganz anders, als er schmeckte. Aber mir gefiel die Idee, die mit den naturbelassenen Weinen verbunden ist: großer Respekt vor Natur und Terroir. Keine Tricksereien, kein nachträgliches Aufpolieren zugunsten des Geschmacks. Naturweine sind unverfälscht, werden möglichst ohne Zusätze und ohne aufwändige önologische Verfahren produziert. Darum lassen sie sich nicht massenhaft erzeugen. Mit dem Geschmack hingegen war ich schlicht über

fordert. Aber so, wie man auch Trüffel oder Kapern nicht unbedingt beim ersten Mal mag, kam der Genuss mit dem dritten Glas. Ich roch, probierte, roch wieder, hielt das Glas ins Licht und merkte: Das ist etwas ganz Besonderes. Ein Wein, der sich nicht gleich öffnet, sondern entdeckt werden will.

Wer Lust hat, sich durch die vielfältige Welt der Naturweine zu probieren, ist bei »Cool Climate« genau richtig. Inhaber Christian Lebherz hatte während seiner Ausbildung zum Sommelier auf einer Reise durch die Champagne ein Schlüsselerlebnis: Er probierte abends, nachdem er und seine Kollegen bereits viele Champagner verkostet hat-

ten und ihnen der Sinn nach etwas ganz anderem stand, einen naturbelassenen Syrah aus dem Roussillon. Seitdem ist er begeistert und startete zunächst einen Blog, um von diesen besonderen Weinen zu berichten, bevor er schließlich seine Weinhandlung eröffnete – die einzige für Naturweine in Frankfurt. Man hört ihm gerne zu, wenn er von Weinregionen und unbekannten Rebsorten, von Produktionsweisen und Handwerk erzählt. Wer mehr erfahren und vor Ort probieren möchte, kann dies bei den »Natural Wine Soirées« in der ersten Etage des schönen Ladens tun, zu denen Lebherz regelmäßig einlädt.

Er kennt alle Winzerinnen und

Winzer, von denen er seine Weine bezieht, persönlich und besucht sie sooft es geht. Was sie alle eint, ist der Wunsch, unverfälschte Weine zu produzieren. Das beginnt im Weinberg und setzt sich beim Verzicht auf Reinzuchthefe oder Filtration fort. »Eigentlich geht es um die Rolle des Winzers und seine Philosophie«, erklärt Christian Lebherz und zeigt mir einen Wein aus dem Jura, der unter einem Flor von Hefe gereift und also wie Sherry, Vin Santo oder Banyuls oxidativ ausgebaut ist. »Der Geschmack ist weit weg von der Frucht«, erklärt er. »Der Wein schmeckt eher nussig, nicht knackig frisch.« Ich beschließe, dass ich dafür dann doch noch nicht so weit bin.

6

S 1–6, 8, 9, U 1–3, 8 HAUPTWACHE, U 6, 7 ALTE OPER

Die Zigarette unter der B-Klappe des Saxofons

JAZZKELLER
KLEINE BOCKENHEIMER STRASSE 18A
60313 FRANKFURT
GEÖFFNET NUR BEI VERANSTALTUNGEN
DI, DO, SA 20–00 UHR, MI 20–0.30 UHR,
FR 22–02 UHR, SO 19–23 UHR
WWW.JAZZKELLER.COM

TIPP

DER IDYLLISCHE ALBERT-MANGELSDORFF-
WEIHER IN DEN WALLANLAGEN HINTER DER
ALTEN OPER. ER WURDE 2013 NACH DEM
POSAUNISTEN BENANNT, DER DORT REGEL-
MÄSSIG AUF DEM WEG ZUM PROBEN IM
JAZZKELLER VORBEIKAM. IN DER WARMEN
JAHRESZEIT KANN MAN HIER ABSEITS DES
GESCHÄFTIGEN TREIBENS UND IM SCHATTEN
VON SCHWARZPAPPELN, SPITZAHORN
UND ROTEICHEN ENTEN BEOBACHTEN
UND MITTAGS DEN ANGESTELLTEN DER
UMLIEGENDEN BÜROS UND GESCHÄFTE BEIM
PAUSEMACHEN ZUSCHAUEN.

Im Oktober 1952 bekommt der Frankfurter Trompeter Carlo Bohländer die »Erlaubnis zum Betriebe einer Schankwirtschaft mit Ausschank von Branntwein« und nennt das Kellerlokal, inspiriert von der Pariser Szene, »domicile du jazz«. Er erklärt es auch gleich zum »club privé«, um unerwünschte Gäste von vornherein auszuschließen. Unerwünscht sind in dieser Zeit »Zickendrähte«, also Spießer, die Schlager hören und sich nach der roten Sonne sehnen, die bei Capri im Meer versinkt, und Jazz hinter vorgehaltener Hand noch immer für Urwaldmusik halten. Aus dem ambitionierten »domicile du jazz« wird schnell der »Jazzkeller«, unter Musikern schlicht der »Keller« – und für Jahrzehnte das Basislager der Frankfurter Jazzszene.

Jazz war in den fünfziger Jahren nicht mehr nur einfach eine Musikrichtung. In einer seltsamen Mischung aus Amerikanisierung und Existenzialismus, Aufbruchstimmung und Abgrenzung versuchten vor allem die Jüngeren unter den Jazzern – zu denen Musiker und Fans stets gleichermaßen gehörten –, ihre Vorliebe für die Musik zur Weltanschauung zu erheben. Ihr da oben, wir da unten: An der Schwelle zur steilen »Jazzkeller«-Treppe lag die Grenze zwischen swingendem Sein und wirtschaftswunderbarem Schein. Während man »da oben« vom Gardasee schwärmte, träumte man »hier unten« von Manhattan. Für die Jazzfans hatte der Rauch einer Zigarette, die unter der B-Klappe eines Saxofons klemmt, mehr Zauber als jeder Sonnenuntergang.

Der »Jazzkeller« wurde schnell zu einem der wichtigsten Spielorte der Republik. Er stand für kompromisslose Qualität, notfalls auch am Rande des Existenzminimums. Hier bekamen talentierte Musiker ihren letzten Schliff. Er war das Nadelöhr, durch das man musste, wenn man es auf die Bühnen der Welt schaffen wollte. Bis in die späten siebziger Jahre stiegen bald viel beachtete und auch international erfolgreiche Musiker die steile Kellertreppe in der Kleinen Bockenheimer Straße empor: der Posaunist Albert Mangelsdorff, die Pianistin Jutta Hipp, die Saxofonisten Emil Mangelsdorff, Hans Koller, Heinz Sauer, Gustl Mayer und Christof Lauer, der Bassist Günter Lenz, die Gitarristen Attila Zoller, Volker Kriegel und Michael Sagmeister. Der Frankfurter Jazzkeller hat mehr Talente hervorgebracht als jeder andere Club in Deutschland. In den fünfziger Jahren schauten hier auch beinahe alle großen amerikanischen Vorbilder auf eine Jam-Session vorbei. Louis Armstrong war der erste prominente Gast und wurde – wie kurz darauf auch Ella Fitzgerald, Dizzy Gillespie, Duke Ellington, Sidney Bechet und einige andere – zum Ehrenmitglied erklärt, was stolz auf den Mitgliedskarten vermerkt wurde: Jetzt war man mit den Stars des Jazz im selben Club! Auch der amerikanische Sänger Bill Ramsey trat im Frankfurter »Jazzkeller« auf, anfangs noch in blauer Fliegeruniform. Damals ahnte niemand,

dass der lustige Typ mit der bluesigen Stimme einmal von der Zuckerpuppe in der Bauchtanztruppe singen würde.

Noch heute kann man im Jazzkeller etwas von dieser existentialistischen Stimmung erahnen, wenn auf der Bühne zu »Stella by Starlight« oder »Freedom Jazz Dance« improvisiert wird. Das Publikum sitzt wie eh und je auf harten Holzstühlen und aufgrund der Enge des Kellergewölbes beinahe mit auf der Bühne. Das Programm ist vielfältig und bietet jungen Musikerinnen und Musikern aus der Frankfurter Szene ebenso eine Bühne wie Stars aus Europa oder Übersee. Dem jetzigen Inhaber Eugen Hahn ist tatsächlich ein kleines Kunststück gelungen: Er hat den legendären Keller von einst in ein »great jazz venue« der Gegenwart verwandelt – wie selbst das renommierte amerikanische Musikmagazin »DownBeat« 2018 befand.

7

Brot und Gebäck im Tortenstück

CAFÉ MEHLWASSERSALZ
DOMSTRASSE 10
60311 FRANKFURT
DI – SO 10–18 UHR
TEL. 069 133 89 913

TIPP

DIE SAMMLUNG DES MUSEUMS FÜR MODER-
NE KUNST BIETET EINEN REPRÄSENTATIVEN
QUERSCHNITT DURCH DIE MODERNE UND
ZEITGENÖSSISCHE KUNST. EINE ARBEIT MAG
ICH BESONDERS : SIE IST GANZ UNSCHEIN-
BAR, MAN KANN SIE LEICHT ÜBERSEHEN. ES
IST EINE GRAVUR, DIE DER KÜNSTLER AN-
DREAS SLOMINSKI IN DER ZWEITEN ETAGE
INS FENSTERGLAS GERITZT HAT : »24. XII
1940 NÄCHSTES JAHR IST FRIEDEN! ABER
1942 BESTIMMT FRIEDEN! 1950 FRIEDE«

STEHT DORT IN SÜTTERLINSCHRIFT. DURCH
DIE ZEILEN HINDURCH BLICKT MAN AUF DIE
BERLINER STRASSE MIT IHREN GEBÄUDEN
AUS DER NACHKRIEGSZEIT.

Lange war in dem dreieckigen Raum im Museum für Moderne Kunst ein Italiener, der sich sinnigerweise nach der Form des Raumes »Triangolo« nannte. Das »Triangolo« war gut, zentral gelegen und wurde doch nie so richtig beliebt. So ist das manchmal mit Lokalen. Sie machen alles richtig und schaffen es dann doch nicht in die Herzen der Leute. Aus dieser Zeit stammt noch die feuerrote Bank, die sich fast an der kompletten Rückwand des Lokals entlangzieht. Sie hat noch zwei weitere Versuche von

Gastronomen überstanden, in das Tortenstück – so wird das von Hans Hollein gebaute Museum wegen seines Grundrisses auch genannt – ein wenig gastronomisches Flair zu bringen. Mit »Mehlwassersalz« könnte es nun gelingen. Rosa Stühle haben sich zur Bank gesellt, auf den kleinen Tischchen stehen frische Blumen. Denn das Café – oder ist es eine Bäckerei? – besinnt sich auf einige wenige Dinge und macht diese hervorragend. Das beginnt beim Namen: Ich liebe Lokale, die mir ihre Gerichte nicht bis ins Detail erklären, sondern mir selbst überlassen, ob ich »Karotte, Tomate, Rind« im Geiste zu einem »Pot-au-feu« mische oder mir als »Bolognese« denke. Der Name

des Cafés ist zudem ein erster Hinweis auf die Leidenschaft der Betreiber: das Brot. Und auch auf ihre Haltung: Transparent soll es sein, einfach und klar. So wie das Raumkonzept. Darum kann man den Bäckern auch beim Backen zuschauen. Das Sauerteigbrot, das ohne Hefe oder sonstige Zusatzstoffe, dafür aber mit viel Zeit – der erste Teigansatz braucht drei Tage – hergestellt wird, ist ausgezeichnet. Man bekommt es erst ab 10 Uhr, weil die Betreiber sich den Luxus gönnen, nicht wie für Bäcker eigentlich üblich um 3 Uhr, sondern erst um 7 Uhr anzufangen. Das Croissant ist deutlich teurer als die Ware in den Aufback-Bäckereien und hat mit dieser bestenfalls die

Bezeichnung gemein. Es ist unglaublich reichhaltig, schmeckt herrlich nach Butter und der blättrige Teig hat eine leicht knusprige Schicht. Auch das süße Gebäck – allen voran der Käsekuchen und die Brioche – und die hausgemachten Marmeladen sind vorzüglich. Auf der Lunchkarte stehen ausschließlich vegetarische und vegane Gerichte. Das Sauerteigbrot hätte es verdient, einfach nur mit hausgemachter Butter und grobem Salz gegessen zu werden. Doch als etwas reichhaltigeres Avocado-Brot mit Ei, Limettensaft und Kresse ist es schier unwiderstehlich. Bei schönem Wetter kann man auch draußen sitzen: unter den Arkaden des postmodernen Museumsbaus oder direkt auf dem Trottoir der Brauchbachstraße. Dann blickt man hinüber zum »Angel-Bär« und zu »Autoteile-Schuwerack«, zwei Geschäften, die wie aus der Zeit gefallen wirken. Gelegentlich fährt die Straßenbahn vorbei.

Vom »Mehlwassersalz« ist es nicht weit zum Kaiserdom St. Bartholomäus. Nehmen Sie sich vielleicht noch eine reichlich belegte Stulle als Proviant mit und erklimmen Sie dann beherzt die 328 Stufen zum Balkon des Doms. Es lohnt sich. Der Dom ist zwar längst nicht das höchste Bauwerk der Stadt, aber er bietet den schönsten Blick auf Skyline, Altstadt und neue Altstadt.

Für mehr *sprezzatura* im Leben

CAFÉ ESPRESSOESPRESSO
BRAUBACHSTRASSE 28
60311 FRANKFURT
DI - SA 12-21 UHR, SO 12-17 UHR

Wir fuhren eine Zeit lang jeden Sommer nach Ligurien in ein kleines Städtchen am Meer namens Levanto. Ein hübscher Ort, in dem viele Mailänder eine Ferienwohnung hatten und auch Fiat-Chef Umberto Agnelli ein schönes Anwesen besaß. Nach dem Abendessen machten wir es wie alle hier: Wir schlenderten die *passeggiata* rauf und runter. In jedem Sommer erfanden die Italienerinnen und Italiener eine andere Art, den Pullover, den man für die kühleren Abendstunden dabeihatte, zu tragen: angefangen vom schlichten über die Schulter legen über das nur über eine Schulter hängen und vorne diagonal verknoten. In einem Sommer wurde der Pul-

von Baldassare Castiglione. Er beschrieb im 16. Jahrhundert die *sprezzatura* als Eigenschaft, auch schwierige oder anstrengende Dinge leicht und mühelos erscheinen zu lassen. *Sprezzatura* ist eine elegante Art von Lässigkeit. Marcello Mastroianni hatte sie. Cary Grant auch. Die Art, wie Frank Sinatra singt, wie James Dean sich eine Zigarette anzündet, wie Sophia Loren in »Gestern, heute und morgen« am Auto lehnt: reinste *sprezzatura*.

Im »EspressoEspresso« in der Braubachstraße hat man sich der *sprezzatura* verschrieben. Sie bestimmt die Art, wie hier der Kaffee zubereitet oder der Negroni eingeschenkt und mit welcher Geste er dem Gast offeriert wird. Auch die Einrichtung des kleinen Cafés, in dem es nur einige wenige Barhocker gibt – ansonsten steht man –, ist *sprezzatura* in Reinform: stilvoll, ohne stylish zu sein. Die Blumen in der kleinen Vase, die Tartuffi auf dem Silbertablett, die eingelegten Früchte im Regal bei den Weinen, die roh belassenen Wände – alles kommt so selbstverständlich daher, als hätte dieses Lokal schon eine ganz lange Geschichte. Dabei ist jedes Detail perfekt durchdacht und nur danach ausgewählt, höchste Qualität zu bieten. Die Bohnen für den exzellenten Espresso bei-

lover zusammengerollt und wie ein Gürtel um die Taille gelegt – mal waren die verknoteten Ärmel vorne, mal hinten. Im nächsten Jahr wurde der Pullover offen um die Hüfte geschlungen und die Ärmel wurden – anders als wir es zu Hause machten – hinten geknotet. Kaum waren wir in Levanto angekommen, versuchte ich herauszufinden, was pullovermäßig gerade angesagt war, und übte vor dem Spiegel. Und dabei verstand ich schnell: Es ist nicht damit getan, den Look einfach zu imitieren. Es kommt auf das kleinste Detail an, um aus »praktisch« oder gar »affig« ein »cool« zu machen. Die Italienerinnen und Italiener können das. Sie nennen es *sprezzatura*. Das Wort stammt spielsweise sind eine Spezialröstung von Hoppenworth & Ploch, der jungen Frankfurter Kaffeerösterei, die sich auf ausgesuchte Rohkaffees spezialisiert hat (siehe Tipp beim Lieblingsort Nr. 16). Auch für einen Aperitif ist das »EspressoEspresso« der perfekte Ort. Es werden Naturweine und feine Spirituosen ausgeschenkt: roter Vermouth von Domingo aus Spanien, weißer von Znaida aus Berlin und der Amaro stammt von der alten Distilleria Varnelli aus Muccia. Dazu gibt es zum Beispiel einen frisch aufgeschnittenen, herrlich duftenden Schinken aus der Toskana oder feinen Käse – und das Gefühl, dass ein Hauch *sprezzatura* das Leben einfach schöner macht.

9

Bengalischer Langpfeffer, Bommelborten und Tatami Zori

Die Töngesgasse ist Frankfurts älteste Einkaufsstraße. Dort, wo sich heute das Parkhaus Konstablerwache befindet, errichteten Mönche im 13. Jahrhundert das Antoniterkloster. Entsprechend wurde die Straße »Antonitergasse« genannt – das Wort »Tönges« ist eine Verballhornung davon. Die kleine Straße zwischen Liebfrauenberg und Fahrgasse war lange Zeit die wichtigste Handelsstraße der Stadt. Im 18. Jahrhundert hatten hier die Familien Bolongaro und Brentano ihren Geschäftssitz. An der Ecke zur Töngesgasse – in der Hasengasse – befindet sich auch das Geburtshaus von Johann Christian Senckenberg, dem einflussreichen Arzt, Stifter

TÖNGESGASSE
60311 FRANKFURT

und Naturforscher (siehe Lieblingsorte Nr. 17 und 55).

Im Zweiten Weltkrieg wurden fast alle Häuser in der Töngesgasse zerstört. Damit ist sie auch ein Zeugnis des Wiederaufbaus der Stadt in den 1950er Jahren. Heute liegt die Töngesgasse ein wenig im Schatten der Zeil mit ihren vielen Kaufhäusern und Ketten. Dafür findet man hier noch viele kleine, inhabergeführte Geschäfte, die zum Teil mehr als hundert Jahre alt sind. Sie bieten genau das, was man gelegentlich andernorts vermisst: einen Rat zu diesem und ein kundiges Gespräch über jenes. Auf der Töngesgasse ist Einkaufen keine Freizeitbeschäftigung. Hier kommt man

hin, wenn man tatsächlich etwas ganz Bestimmtes braucht. So gibt es etwa den »Samen Andreas«, ein traditionsreiches Gartenfachgeschäft. Hier findet man Saatgut für Blumen, Pflanzen, Gemüse und Bäume sowie eine kompetente Beratung. Wenn mein Rosmarin schwächelt oder sich die Blätter vom Lorbeer komisch verfärben, gehe ich zu »Samen Andreas«. Die Jungs sind immer gut gelaunt, und man verlässt den Laden stets mit guten Tipps und dem Gefühl: Gärtner sind glückliche Menschen. Direkt daneben im »Bürstenhaus« gibt es Kämme und Bürsten aller Art. Auch Fußmatten der robusten Sorte sowie wunderschöne Handtücher für jeden Zweck und feine Seifen, beispielsweise aus dem Hause Klar in Heidelberg. Dann das Café Mozart. Früher war das ein sehr plüschiger Ort mit drallen Bedienungen. Im Hintergrund liefen immer Operetten. Heute ist es ein nettes, ein wenig in die Jahre gekommenes Café, das in der warmen Jahreszeit auch einige Plätze im Freien anbietet. Gleich daneben befindet sich im Hinterhof und etwas versteckt in der ersten Etage die Fahrradwerkstatt »Rebicycle«, in der Thomas Bürger mit viel Sachverstand jedes Rad wieder flottmacht. Und bei Wächtershäuser, dem Fachgeschäft für Nähzutaten und Schneidereibedarf, findet man Knöpfe, Reißverschlüsse, Glitzerapplikationen, Garne, Bänder und Borten, Vliese, Karabinerringe und -haken, Gürtelschnallen und Schnittmuster in Hülle und Fülle und stets einen fachkundigen Rat. Und falls Schulterpolster mal wieder modern werden sollten: Auch die gibt es bei Wächtershäuser. Auf der anderen Straßenseite bietet »itaba« eine schöne Auswahl an japanischer Tisch- und Wohnkultur. Es gibt jede Menge Schalen und Schälchen, Teegeschirr, Tee und Tatami Zori: japanische Flip-Flops aus Reisstroh mit Samtriemen.

Das traditionsreiche Gewürz- und Teehaus Alsbach befand sich bis vor wenigen Jahren ein paar Meter weiter an der Staufenmauer und musste nach beinahe hundert Jahren schließen, weil ein neuer Hausbesitzer andere Pläne hatte und es keinen familiären Nachfolger gab, der die Geschäfte an anderer Stelle hätte weiterführen können. Doch manchmal nehmen traurige Geschichten auch eine ganz überraschende Wendung: Christiane Rüdiger, langjährige Stammkundin des Geschäfts, beschloss kurzerhand, den Laden selbst zu übernehmen. Sie suchte neue Räume, wurde in der Töngesgasse fündig, wo ein Antiquariat mit Francofurtensien seine Geschäftsräume aufgegeben hatte, und bietet fortan neben den legendären Alsbach-Gewürzmischungen, asiatischen Gewürzen, allerlei Pfeffersorten, Honig, Trockenfrüchten, Tee, Linsen, Reis, Nudeln, Essigen, Ölen und vielem mehr auch Weine aus ökologischem Weinbau aus Württemberg an. Also fast alles wie früher an der Staufenmauer. Und sogar noch ein bisschen besser. Der Laden ist hell und großzügig, wirkt trotz des schier unübersichtlichen Angebots sehr aufgeräumt – mit Bänken zum Verweilen und Fachsimpeln.

Willkommen bei Salvatore

BISTRO SALVATORE

SCHÖNE AUSSICHT 16

60311 FRANKFURT

TEL. 069 282 113

DI - SO AB 17 UHR

WWW.BISTRO-SALVATORE.DE

TIPP

SCHRÄG GEGENÜBER RUND UM DAS FISCHERPLÄTZCHEN MIT GROSSER PLATANE HABEN SICH SCHÖNE BARS UND CAFÉS ANGESIEDELT. IM »NAÏV« GIBT ES EINE GROSSE AUSWAHL VORZÜGLICHER CRAFT-BIERE. SEIT ENDE 2017 BRAUEN SIE GEMEINSAM MIT GLAABSBRÄU AUCH IHR EIGENES BIER - EIN HERRLICH SÜFFIGES LAGER VOM FASS. UND DIE »HOLY CROSS BREWING SOCIETY« IST EIN BELIEBTES CAFÉ MIT TOLLEM KAFFEE AUS MIKRORÖSTEREIEN.

Bei Salvatore sind alle gleich: der berühmte Fußballspieler, das englische Pärchen auf der Durchreise, der Rechtsanwalt, der stadtbekannte Immobilieninvestor, das Starlet aus der Doku-Soap, die Mitglieder des benachbarten Ruderclubs oder der Bordellbesitzer. Und alle sind herzlich willkommen. 1968 mietete Salvatore Rimonti eine leerstehende Trinkhalle und verwandelte sie in eine Pizzeria. Der begeisterte Wassersportler montierte ausgediente Surfbretter an die Wände ringsum, fertig war der Stehimbiss, den er nach seiner Heimatstadt »Bella Napoli« nannte. Schnell machte er sich mit seiner hervorragenden Pizza einen Namen in der Stadt. Unter

Frankfurter Gastronomen war es viele Jahre ein Ritual, nach dem Schließen der eigenen Lokale auf einen Sprung bei Salvatore vorbeizuschauen.

Aus der Pizzeria ist längst das »Bistro Salvatore« geworden, mit großen Fenstern zum Main hin und mit einer kleinen Terrasse vor dem Eingang. Die Einrichtung ist schick geworden, die Surfbretter sind verschwunden, aber die phantastische Pizza gibt es immer noch – sowie andere italienische Gerichte und Weine. Im Bistro herrscht eigentlich immer Hochbetrieb. Doch meistens schafft es Salvatore, dass man irgendwie doch noch einen Platz bekommt. Da wird gerückt und zusammengeschoben, bis es irgendwie passt. Die Atmosphäre ist herzlich, bisweilen ausgelassen, denn man hat eines gemeinsam in diesem kleinen Bistro: Gast von Salvatore zu sein. Eigentlich bin ich am liebsten im Winter hier, wenn es draußen schon dunkel ist. Die Lichter spiegeln sich unten im Main, immer wieder erhellen die Scheinwerfer vorbeifahrender Autos für einen Moment das Lokal und drinnen duftet es behaglich nach Italien.

11

Wider den Zeitgeist

CLUB VOLTAIRE
KLEINE HOCHSTRASSE 5
60313 FRANKFURT
MO – SA 18–01 UHR
TEL. 069 292 408
WWW.CLUB-VOLTAIRE.DE

Wir befinden uns im Jahre 2020 n. Chr. Ganz Frankfurt liegt voll im Trend. Ganz Frankfurt? Nein! Ein von unbeugsamen Wirten betriebenes Lokal hört nicht auf, dem Zeitgeist mit unbequemen Fragen zu begegnen. Ausgerechnet in der Kleinen Hochstraße, einer Nebenstraße der schicken Freßgass, und unweit der Goethestraße mit ihren noblen Geschäften befindet sich der »Club Voltaire«. Er wurde 1962 gegründet mit dem Ziel, einen Ort zu schaffen, an dem offen debattiert und gestritten werden kann. Frauenbewegung, Antikolonialismus, Friedens- und Ökologiebewegung: Der »Club Voltaire«, übrigens ein eingetragener, gemeinnütziger Verein, ist bis heute ein

kommunikativer Treffpunkt, an dem Ideen und Standpunkte ausgetauscht werden – politisch immer eher links und kritisch, aber offen für alle. Und damit ganz im Sinne des französischen Philosophen und Vordenkers der Aufklärung. Auch Voltaire war bekanntlich ein entschiedener Verfechter von Toleranz, Vielfalt und Gerechtigkeit. Nicht selten, so wird berichtet, saß im »Club Voltaire« in den Anfangsjahren der Verfassungsschutz mit im Publikum – selbst bei einer Lesung von Christa Wolf oder bei Jazzkonzerten.

»Eines Tages wird alles gut sein, das ist unsere Hoffnung. Heute ist alles in Ordnung, das ist unsere Illusion«, zitiert die Speisekar-

te Voltaire. Es gibt Kleinigkeiten zu essen, die Flammkuchen sind sehr gut, das Chili con Carne ist legendär. Auf der Tageskarte stehen Eintöpfe, Pasta und Tellergerichte. Auch die Weine sind gut und bezahlbar. Es gibt regelmäßig Veranstaltungen wie den Philosophiezirkel, den Frauendiskussionsabend und ab und zu auch Konzerte. Der »Club Voltaire« ist auf beruhigende Art stehengeblieben und erinnert beharrlich daran, wie wichtig es ist, zusammenzukommen und Dinge, die als gegeben gelten, immer wieder kritisch zu hinterfragen – auch außerhalb der Filterblasen sogenannter sozialer Netzwerke: live und bei einem ordentlichen Glas Wein oder Bier.

12

S 1-6, 8, 9, U 1-3, 6-8 HAUPTWACHE

Das Café der Kaffees

CAFÉ WACKER
KORNMARKT 9
60311 FRANKFURT
MO - FR 8-19, SA 8-18 UHR
TEL. 069 287 810
WWW.WACKERSKAFFEE.DE

Gerade war mein erstes Buch erschienen, eine Anthologie zum Thema Liebe, und ich war völlig aus dem Häuschen. Wer würde es lesen? Wie würde man es aufnehmen? Und würde, wer es lesen wollte, es überhaupt finden? Ich schlich an den Schaufenstern und Regalen der Buchhandlungen vorbei, um heimlich zu prüfen, ob ich den Band entdeckte. Sah ich Menschen irgendwo ein Buch lesen, versuchte ich vorsichtig herauszufinden, ob es vielleicht meines war – bei mehr als 70 000 Neuerscheinungen pro Jahr zugegebenermaßen ziemlich unwahrscheinlich. Aber die Tatsache, dass auch mein Buch jetzt unter diesen Neuerscheinungen war, ver-

setze mich in eine geradezu kindische Freude. Und dann kam ich ins »Café Wacker«. Während ich in der Schlange darauf wartete, meinen Kaffee zu bestellen, sah ich hinten im Eck eine Frau, die las. Wieder verrenkte ich mir möglichst unauffällig den Hals. Und sah tatsächlich: Sie las mein Buch!

Es waren noch fünf Leute vor mir. Ich hatte also Zeit zu überlegen. Sollte ich sie ansprechen? Oder lieber heimlich ein Foto machen? Ich versuchte, an ihrem Gesichtsausdruck abzulesen, ob ihr gefiel, was sie da gerade las. Als ich endlich an der Reihe war, bestellte ich einen Milchkaffee und ging zu ihr. Ich stellte mich kurz vor. »Welche Geschichte lesen Sie denn gerade?«, wollte ich wissen. »Der Bär kletterte über den Berg«, sagte sie, lächelte kurz und las ungerührt weiter. Ich stutzte. Zufällig kannte ich die Geschichte von Alice Munro, aber sie war gar nicht in meiner Anthologie. Ich murmelte verwirrt etwas, was wie »noch viel Spaß« klingen sollte, und ging mit meinem Kaffee nach draußen. Das ist das Schöne im »Café Wacker«: Man nimmt seinen Kaffee mit nach draußen, findet mit etwas Glück einen Sitzplatz oder setzt sich auf das Mäuerchen gegenüber. Das »Café Wacker« ist eine Institution. Hier trifft man sich samstags nach den Einkäufen oder unter der Woche in der Mittagspause. Man kommt schnell mit anderen ins Gespräch, erfährt, welche Geschäfte in der Innenstadt gerade schließen oder neu eröffnen, plaudert über das Wetter und genießt seinen Kaffee. Das Café am Kornmarkt ist das Stammhaus, inzwischen sind fünf weitere Cafés über die Stadt verteilt hinzugekommen und die Rösterei des Familienbetriebs ist in Fechenheim. Mir ist das Stammhaus von allen »Wacker«-Cafés immer noch am liebsten. Der winzige Laden, der 1914 von Luise Wacker aus Biberach gegründet wurde, hat sich, soweit ich mich erinnern kann, nie verändert. Zu Stoßzeiten kann es hier schon mal recht eng werden.

Aber das gehört dazu. Es duftet unwiderstehlich nach Kaffee, den Sie natürlich auch gemahlen oder ungemahlen mit nach Hause nehmen können, und wie vor zwanzig Jahren bekommt man hier auch einfach ein belegtes Brötchen – ganz ohne Schnickschnack.

Ich saß auf dem Mäuerchen, beobachtete das Geschehen am Kornmarkt und dachte über die lesende Frau nach. In der Kurzgeschichte von Alice Munro geht es um Fiona und Grant, die seit 50 Jahren verheiratet sind. Fiona kommt wegen geistiger Verwirrung in ein Pflegeheim. Ein Bär und ein Berg kommen in dieser Geschichte übrigens nicht vor.

13

Schlendern und schlemmen

Die meisten Frankfurter würden als Lieblingsmarkt neben der Kleinmarkthalle mit Sicherheit den Erzeugermarkt an der Konstablerwache nennen, der donnerstags und samstags stattfindet. Am späten Samstagvormittag treffen sich hier viele Frankfurterinnen und Frankfurter nach ihren Einkäufen am Weinstand. Aber für mich ist es unbedingt der Schillermarkt. Er ist so, wie ich mir seit Kindertagen einen Markt vorstelle: Er folgt schnurstracks einer Straße. Vermutlich ist meine Vorliebe für Straßenmärkte auch meinem miserablen Orientierungssinn geschuldet: Während ich auf einem Marktplatz erst nach geraumer Zeit merke, dass ich bereits drei

SCHILLERMARKT
SCHILLERSTRASSE 2
60313 FRANKFURT
FR 9–18.30 UHR

Mal dieselben Stände entlanggeschlendert bin, statt eine Reihe weiterzukommen, kann ich mir auf einem Straßenmarkt einfach erst die eine und dann die andere Richtung vornehmen.

Der Schillermarkt ist mitten in der Stadt. Die Wertpapierbörse ist gleich nebenan, man tätigt seine Einkäufe quasi unter den Augen von Bulle und Bär – der bronzenen Statue auf dem Börsenplatz. Und es gibt hier alles, was man für einen Wochenendeinkauf braucht: Obst und Gemüse, Wurst und Fleisch, Fisch und Geflügel, Käse und Eier, Kräuter und Gewürze, Honig, Apfelwein, Backwaren und hausgemachte Marmeladen, Spreewälder und Thüringer Spezialitäten. Außerdem Hüte, Blumen und schöne Haushaltswaren aus Holz. Von der Hauptwache kommend, erwartet Sie bald rechts ein Stand mit Wildspezialitäten, an dem sehr schmackhafte Bratwürste angeboten werden.

Viele, die an der Börse oder in den umliegenden Büros und Kanzleien arbeiten, verbringen auf dem Schillermarkt ihre Mittagspause. Und auch das gefällt mir gut: diese Mischung aus Imbiss- und Verkaufsständen, aus Männern und Frauen in Businesskleidung und Leuten mit großen Einkaufstaschen, die ihren Wochenendeinkauf tätigen.

Einige der Obst- und Gemüsestände stammen aus Oberrad – wo traditionell Frankfurts Gärten liegen. Ein Muss ist auch der Stand von Schinken-Becker: Hier gibt es Serrano-Schinken, San Daniele und Pata Negra von ausgezeichneter Qualität – amüsante Anekdoten vom Chef inklusive. Direkt bei Bulle und Bär steht Gisela Paul mit ihrem Wagen und bietet Grüne Soße, Eintöpfe und vieles mehr an – zum gleich Verzehren oder für zu Hause. Gisela Paul ist Frankfurts bekannteste Marktfrau – immer einen Spruch auf den Lippen und das Herz am rechten Fleck. Zwei Mal pro Woche steht sie mit ihrem Wagen auch auf dem Markt mitten im Bahnhofsviertel in der Kaiserstraße, als dessen unbestrittene Chefin sie gilt. Außerdem singt sie – zum Beispiel darüber, dass »Grie Soß« gute Laune macht.

Ganz vorzüglich sind auch die Lammspezialitäten der Familie Berbalk aus Waldems im Taunus. Der Wagen ist klein und leicht zu übersehen. Er steht – von der Hauptwache aus kommend – meist auf der linken Seite. Weiter in Richtung Eschenheimer Tor bietet »Tilly's Tante« Suppen, Eintöpfe und Salate an und schräg gegenüber stellt der Käseladen, der ausgezeichnete Spezialitäten sowie selbstgezapfte

Odenwälder Bauernmilch bereithält, in der warmen Jahreszeit seine schönen Holzbänke vor die Tür, sodass sie ganz automatisch Teil des Marktgeschehens werden.

Ihren Besuch auf dem Schillermarkt sollten Sie unbedingt mit einem Glas Wein beschlie-ßen – am Weinstand direkt auf dem Börsenplatz. Sie können ihn gar nicht verfehlen. Hier treffen sich Frankfurter und »Eingeplackte«, wie hier die Zugezogenen heißen, Redakteure vom Hessischen Rundfunk und Journalisten der »Frankfurter Rundschau«, Börsianer und Banker, Musiker und Lebenskünstler. Man steht oder sitzt auf ein paar wenigen Bänken, auf den Treppen der Börse oder auf einem Mäuerchen hinter dem Weinstand. Man rückt zusammen und kommt schnell miteinander ins Gespräch – zum Beispiel darüber, dass die Eintracht unbedingt noch einen weiteren Stürmer braucht, dass der letzte Frankfurter »Tatort« nicht so spannend war oder wann die vom Bund unterstützte Sanierung der Paulskirche abgeschlossen sein wird.

14

Pssst

ORT DER STILLE
LIEBFRAUENKIRCHE UND KLOSTER
LIEBFRAUENSTRASSE 4
60313 FRANKFURT
MO - SA 6.30-21.30 UHR, SO 7-21.30 UHR
WWW.LIEBFRAUEN.NET

TIPP

IN DER »GALERIE GESAMTMETALL« GIBT
ES AUSGEFALLENEN SCHMUCK UNTER-
SCHIEDLICHER GOLDSCHMIEDINNEN
UND GOLDSCHMIEDE. ZUDEM LASSEN
SICH EIGENTÜMER ARNE PETERS UND
SEIN TEAM IMMER WIEDER SPEKTAKU-
LÄRE AUSSTELLUNGEN EINFALLEN. BEI
»PRUNK IM ALLTAG« ETWA WAR DER
AUSSTELLUNGSRAUM VOLLSTÄNDIG MIT
EINER BAROCKEN TAPETE AUSGEKLEIDET

UND NEBEN SCHMUCK KONNTE MAN
AUCH WUNDERBAR SCHRÄGE KERAMIK
DES IN BERLIN ANSÄSSIGEN KÜNSTLERS
BERNHARD KÜHN ERSTEHEN.

GALERIE GESAMTMETALL
LIEBFRAUENBERG 52-54
60313 FRANKFURT
DI - FR 10-19 UHR, SA 10-18 UHR

Vor dem Einkaufszentrum mit dem Loch in der Fassade spielen vier bulgarische Straßenmusiker. Aus zwei, drei Geschäften kommt Musik, von der man aber beim Vorübergehen nur die zischenden Beats hört. Ein Hund bellt. Hinter mir telefoniert jemand lautstark in einer fremden Sprache. Ein chinesischer Reiseführer erklärt einer Grup-

pe kichernder Teenager, was sie gerade sehen. Eisenbahn Reiner hat vor lauter Lebensfreude sein Kofferradio auf Ballsaallautstärke gedreht. Hinzu kommen ein Kehrfahrzeug der Stadt und eine Baustelle. Frankfurt ist vor allem an Werktagen auch eine sehr laute Stadt. »Es gibt vielerlei Lärme«, schrieb Peter Panter alias Kurt Tucholsky in der »Weltbühne«. »Aber es gibt nur eine Stille.« Auf der Zeil – Frankfurts umsatzstarker Einkaufsstraße – können Sie sich davon überzeugen.

Wenn Sie aber für einen Moment dem Trubel entkommen möchten, finden Sie quasi ums Eck im »Ort der Stille« an der gotischen Liebfrauenkirche einen wunderbaren Rückzugsort. Es ist tatsächlich so, als würde man beim Betreten des Hofs die Zeil mit all ihrem Treiben einfach ausknipsen. Der kleine Innenhof gehört zum Konvent der Kapuziner – die Liebfrauenkirche ist auch Klosterkirche – und ist ein Ort der Besinnung. Niemand spricht, kein Telefon klingelt. Es ist still. Unter einem Vorbau flackern hunderte Kerzen, mit denen Besucher ihren Hoffnungen, Bitten, aber auch ihren Ängsten ein Zeichen setzen. Im Winter wärmt sich mancher an den Kerzen die Hände.

15

S 1-6, 8, 9, U 6, 7 HAUPTWACHE, U 1-5, 8 WILLY-BRANDT-PLATZ

Schön, wer eine hat

RESTAURANT HEIMAT
BERLINER STR. 70
60311 FRANKFURT
MO - SO 18-01 UHR
TEL. 069 297 25 994
WWW.HEIMAT-FRANKFURT.COM

Die Berliner Straße gibt es erst seit rund siebzig Jahren. Luftangriffe hatten die Innenstadt im März 1944 komplett zerstört. Acht Jahre später wurde der Grundstein zum Wiederaufbau gelegt. In rasantem Tempo entstanden ungefähr dort, wo einst die Schnurgasse war, die ihren Namen von den Frankfurter Webern hatte, die hier im Mittelalter saßen und ihre Webstühle »schnurren« ließen, zweckmäßige Neubauten für Büros, Wohnungen und Geschäfte. Die breit angelegte Ost-West-Achse nannte man Berliner Straße. Die Hauptstadt Preußens kam bislang im Frankfurter Stadtplan nicht vor – wie es übrigens auch umgekehrt bis heute kei-

ne Frankfurter Straße in Berlin gibt. »Eine der imposantesten Neubauten Deutschlands beherrscht hier den Raum, rank und schlank, gleichsam ein erhobener Zeigefinger: der Bundesrechnungshof. Die Paulskirche allerdings nimmt sich neben ihm aus wie ein leeres Tintenfass hinter einen aufgestellten Leitz-Ordner«, schrieb die »Zeit« über das sichtbar werdende Wirtschaftswunder am Main. Der Bundesrechnungshof ist inzwischen nach Bonn gezogen, das Gebäude stand lange leer, ein Teil steht unter Denkmalschutz, der andere Teil wurde abgerissen. Heute befindet sich an gleicher Stelle ein Hotel. Direkt gegenüber steht ein kleiner ovaler Pavillon mit geschwungenem Flugdach. Auch er entstand im Zuge der Neubebauung und war zunächst als Café mit Wasserhäuschen geplant, dann zog eine Eisdiele ein und irgendwann die »Jazzkneipe«. Einige Jahre stand dann auch der schmucke Pavillon leer, bevor er aufwändig wieder in seinen ursprünglichen Zustand gebracht wurde – inklusive verglaster Fassade und Farbgebung. Seither hört er auf den passenden Namen »Heimat« und erfreut seine Gäste mit Essen und Wein. Oliver Donnecker und Sabine Frey führen das schöne Lokal mit entschlossener Schnörkellosigkeit: keine Trends, kein Schnickschnack, nur gutes Essen und exzellente

Weine. Sonst nichts. Die Speisekarte weist eine eher überschaubare Zahl von Gerichten auf, was sicherlich auch der geschätzt nur einen Quadratmeter großen offenen Küche geschuldet ist, in der Koch Gregor Nowak agiert – was aber der Qualität dessen, was er Abend für Abend auf die Teller bringt, überhaupt keinen Abbruch tut. Die Weinkarte hingegen hat einen beeindruckenden Umfang und es ist eine Freude, sich bei der Bestellung von Inhaber und Sommelier Oliver Donnecker beraten zu lassen: Er kann auch mit diffusen Beschreibungen von Vorlieben und Abneigungen etwas anfangen und überrascht immer wieder mit tollen Weinen. Auch dabei verfolgt er konsequent die Regel: keine Trends, keine vermeintlich großen Namen, sondern einfach erstklassige Weine. So schlägt er vielleicht zur Vorspeise einen Riesling von der Nahe von einem kleinen, noch unbekannten Weingut vor, der ihn mit seiner rassigen Säure überzeugt, und zum Hauptgang ein deutsches Rotweincuvée aus Rheinhessen, das sich als perfekter Essensbegleiter herausstellt. Inzwischen hat die »Heimat« auch eine kleine Terrasse, der Kirschlorbeer ringsherum ist mittlerweile hoch genug, um Schutz vor der stark befahrenen Straße zu bieten. Ob drinnen oder draußen: Die Tische in der »Heimat« sind gezählt und schnell vergeben – es empfiehlt sich unbedingt zu reservieren. »Heimat ist kein Ort«, sagt man, »sondern ein Gefühl.« Hier auf der Berliner Straße im hübschen Pavillon lässt sich das wunderbar überprüfen – zum Beispiel bei einem Glas Riesling »Vom Porphyr« aus Siefersheim.

Westend

16

Campus, Park und viel Geschichte

GOETHE-UNIVERSITÄT, CAMPUS WESTEND
THEODOR-W.-ADORNO-PLATZ 1
60323 FRANKFURT
TEL. 069 798 7980
WWW.UNI-FRANKFURT.DE

TIPP

DAS CAFÉ VON HOPPENWORTH & PLOCH IM STUDENTENWOHNHEIM »SIOLI 7«. HIER BEGANN DIE ERFOLGSGESCHICHTE DER BELIEBTEN FRANKFURTER KAFFEERÖS-TEREI. NEBEN VORZÜGLICHEN KAFFEES, DIE MAN AUCH FÜR ZU HAUSE KAUFEN KANN, GIBT ES TÄGLICH FRISCHE WAFFELN UND WECHSELNDE KUCHEN – WIE ZUM BEISPIEL DEN INZWISCHEN SCHON FAST LEGENDÄREN MATCHA-CHEESECAKE.

Paternosterfahren ist wie Karussellfahren: Es macht Spaß und ist auch ein wenig aufregend. Schließlich muss man bei laufendem Betrieb ein- und auch wieder aussteigen. Da das nicht ganz ungefährlich ist, wurden fast alle öffentlich zugänglichen Umlaufaufzüge in Frankfurt inzwischen stillgelegt. Im denkmalgeschützten Hauptgebäude der Goethe-Universität gibt es insgesamt acht Paternoster. Sie sind öffentlich zugänglich und – was ˙das Beste ist: Sie fahren noch.

Das ehemalige IG-Farben-Haus, in dem sich heute die Fachbereiche Philosophie, Geschichte, Kulturwissenschaften, Neuere Philologien, Evangelische und Katholische Theologie sowie das

Fritz-Bauer-Institut befinden, ist ein Ort mit finsterer Vergangenheit. In dem von Architekt Hans Poelzig entworfenen Gebäude fanden regelmäßig Sitzungen des Verwaltungsrates des einst größten Chemie- und Pharmaunternehmens der Welt statt. So wurden hier während des Zweiten Weltkriegs wichtige Entscheidungen getroffen, wie etwa über den Bau eines ersten privat finanzierten Konzentrationslagers in Buna-Monowitz, die Beschäftigung von Zwangsarbeitern und auch die Produktion von Zyklon B, eigentlich ein Schädlingsbekämpfungsmittel, das in den Konzentrationslagern als Gas in großem Umfang zu industriell organisiertem Massenmord eingesetzt wurde. Das Wollheim-Memorial, das sich in einem kleinen Pförtnerhäuschen auf dem Campus der Universität befindet, gedenkt der Opfer von Buna-Monowitz. Norbert Wollheim, ein Überlebender des Konzentrationslagers, verklagte die IG Farben in einem Musterprozess auf Entschädigung. Fotografien von Menschen, die in den 1940er Jahren aus ganz Europa nach Auschwitz deportiert werden, weisen den Weg zu dem Memorial.

Nach dem Krieg wurde das mit Cannstatter Travertin verkleidete Gebäude Hauptquartier der amerikanischen Streitkräfte. Auf dem Gelände entstanden in den folgenden Jahrzehnten Truppenunterkünfte, Sportflächen und eine Highschool. Und seit rund zwanzig Jahren befindet sich hier ein großer Teil der Fachbereiche der Universität. Das ehemalige Offizierscasino wird heute als Mensa genutzt.

Zwischen dem leicht geschwungenen Hauptgebäude und dem Casino eröffnet sich ein herrlicher Park mit Wasserbassin, großen Wiesen und altem Baumbestand. Auf der Brüstung oberhalb des Bassins sitzt seit 1931 der Frauenakt »Am Wasser« des Frankfurter Künstlers Fritz Klimsch. Im Sommer betreiben Studierende im Park einen schönen Biergarten. Und alle zwei Jahre werden die Grünflächen rund um den Poelzig-Bau Teil der über mehrere Parks im Rhein-Main-Gebiet verteilten Ausstellung »Blickachsen« mit zeitgenössischen Skulpturen und Installationen. Auch als Filmkulisse hat der schöne Campus kürzlich hergehalten: Sönke Wortmann drehte hier gerade »Contra«, eine Komödie, die im Herbst 2020 in die Kinos kommt. Hinter dem Casino ist der Campus weiter gewachsen. Zu den historischen Gebäuden sind inzwischen eine Reihe neuer Hörsaalgebäude sowie Studenten-

wohnheime gekommen. Schon von Weitem sieht man die acht Meter hohe Metallskulptur »Body of Knowledge« des spanischen Künstlers Jaume Plensa. Im Hörsaalzentrum dahinter befindet sich das Café »Sturm und Drang«, wo man bei schönem Wetter draußen sitzen kann. Auch das Adorno-Denkmal des russischen Künstlers Vadim Zakharov, das ursprünglich in Bockenheim, am alten Standort der Universität, installiert war, hat jetzt auf dem Campus Westend seinen Platz gefunden: Unter einem Glaskubus befinden sich ein Schreibtisch und ein Sessel auf Parkettfußboden. Auf dem Tisch steht ein Metronom, dessen Pendel unablässig den Takt vorgibt. Halb verdeckt vom Metronom: eine Ausgabe der »Negativen Dialektik«, daneben Manuskriptblätter. Sobald es dämmert, schaltet sich die Schreibtischlampe an. Auf dem Boden rund um den Kubus sind Zitate aus »Minima Moralia« und der »Ästhetischen Theorie« in Stein graviert. Der Soziologe und Philosoph Theodor W. Adorno lehrte von 1949 bis 1969 in Frankfurt.

17

Froschkonzert und Rosenduft

BOTANISCHER GARTEN
SIESMAYERSTRASSE 72
60323 FRANKFURT
MO – SA 9–18 UHR, SO 9–13 UHR
TEL. 069 212 39 058
WWW.BOTANISCHERGARTEN-FRANKFURT.DE

Wenn am kleinen Teich, über den ein stolzer Graureiher wacht, im Frühsommer die Frösche ihr ohrenbetäubendes Konzert veranstalten, vergisst man schnell, dass sich direkt hinter dem Zaun des Botanischen Gartens die viel befahrene Miquelallee befindet und das Zentrum der Stadt mit Hauptwache und Zeil gerade mal zweieinhalb Kilometer entfernt ist. Während im benachbarten Palmengarten tropische Exoten bestaunt werden können, führen hier enge Pfade an mediterranen und asiatischen Biotopen vorbei, aber auch Landschaften mit Magerrasen aus der Wetterau, einem heimischen Basaltbach, einer Glatthaferwiese und einem sonnigen Kalkhang. Die drüsen-

lose Kugeldistel will ebenso beachtet werden wie die Strand-Quecke oder der Puderquastenstrauch. Die vielfältige Flora im Botanischen Garten hat zudem zahlreiche Vögel angelockt und auch Pilze und Flechten haben sich spontan angesiedelt.

Der Botanische Garten begann ursprünglich als ein »hortus medicus«, also ein Garten für Medizin- und Heilpflanzen, und war der erste wissenschaftliche botanische Garten Frankfurts. »Dieser soll nicht aus vielen exoticis bestehen (...) Plantae Germaniae indigenae sind mein Hauptmerk, und solche, die eine gleiche Zonam und Clima zur Geburths-Stätten haben und unsere aeram aquas und locos vertragen können«, schrieb sein Gründer, der Arzt, Botaniker und Naturforscher Johann Christian Senckenberg dazu. Eingesetzt werden sollten die Heilpflanzen unter anderem im Bürgerhospital am Alleenring unweit der heutigen Nationalbibliothek, das ebenfalls von Senckenberg gegründet wurde, und die ausdrückliche Aufgabe hatte, die Gesundheit der Kranken wiederherzustellen. Ein Novum im 18. Jahrhundert, standen doch die Frankfurter Krankenhäuser damals im Ruf, »Pforten zum Tode« zu sein. Zum 300. Geburtstag Senckenbergs entstand im östlichen Teil des Botanischen Gartens ein neu angelegter Arzneimittelgarten. Während Senckenberg die Pflanzen noch nach linnéschem Vorbild anpflanzen ließ, bei dem die Anzahl der Stempel und Staubgefäße ausschlaggebend ist, sind die Kräuter im neuen Garten in dreizehn Beeten nach Wirkungsbereichen wie »Verstopfung«, »Entzündung« oder »Atemwege« angeordnet.

Mein Lieblingsplatz in dieser kleinen Oase zwischen Palmengarten und Grüneburgpark ist eine Bank unweit der Rosen. Direkt daneben steht einer der offenen Bücherschränke, die es mittlerweile überall in der Stadt gibt und die es ermöglichen, Bücher problemlos zu tauschen, auszuleihen oder weiterzugeben. Einmal fand ich hier das Buch mit dem herrlichen Titel »Käuze und Kathedralen« von der Malerin und Schriftstellerin Anita Albus. Eine Entdeckung! Darin las ich einen Essay zum hundertsten Geburtstag von Claude Lévi-Strauss, der so klug ist und so gut zur herrlich nach Rosen duftenden Umgebung passte, dass ich gar nicht glauben konnte, dass das wunderbare Buch von irgendjemandem aussortiert wurde. Ich habe es wieder zurückgestellt. Es gehört einfach hierher. Vielleicht steht es noch da, wenn Sie vorbeikommen.

18

Das Alphabet der Silhouette

DESIGNERIN RUTH LÖFFELHOLZ
FRIEDRICHSTRASSE 26
60323 FRANKFURT
DI – FR 11–18, SA 11–15 UHR
TEL. 069 722 303
WWW.RUTH-LOEFFELHOLZ.DE

TIPP

NUR ETWA FÜNF GEHMINUTEN VON RUTH LÖFFELHOLZ' ATELIER ENTFERNT BEFINDET SICH DAS RESTAURANT »KNOBLAUCH« - EIN FRANZÖSISCHES BISTRO UND EINE INSTITUTION. IN DEM HOLZGETÄFELTEN ECKLOKAL MIT DEN BISTROSTÜHLEN, DEN SPIEGELN UND DER KLEINEN SOMMERTERRASSE WIRD SEIT EWIGEN ZEITEN GESCHLEMMT UND BEI EINEM KÖRPERREICHEN SANCERRE ODER EINEM

TIEFROTEN MAS DU SOLEILLA AUS DEM LANGUEDOC-ROUSSILLON VON FRANZÖSISCHER LEBENSART GESCHWÄRMT. DAS RESTAURANT BIETET AUCH EINEN GUTEN MITTAGSTISCH.

RESTAURANT KNOBLAUCH
STAUFENSTRASSE 39
60323 FRANKFURT
TEL. 069 722 828
RESTAURANTKNOBLAUCHFRANKFURT.DE

Bevor sich die Designerin Ruth Löffelholz mit Fadenlauf, Nahtzugabe und Abnähern beschäftigt, stellt sie Fragen. Wie etwa sieht das Kostüm zur Jahrtausendwende aus? Wie hat die Bankenkrise die Kleidung verändert? Wie schlägt sich die wachsende Angst vor der Zukunft in Kos-

tümen und Anzügen nieder? Mit wachem Blick und psychologischer Neugier beobachtet sie das Zeitgeschehen und übersetzt, was sie sieht, in neue Schnitte. Wenn beispielsweise Kostüme und Hosenanzüge, die ursprünglich Insignien weiblicher Führungspersönlichkeiten waren, auf die Ebene der Assistentinnen wechseln, fragt Ruth Löffelholz sich: Was trägt dann die visionäre, sicher führende Frau?

Der Philosoph und Soziologe Georg Simmel hat Mode als ein Phänomen zwischen Nachahmung und Abgrenzung betrachtet: Man möchte schon dazugehören, aber doch bitte auch als Individuum wahrgenommen werden. So gesehen macht Ruth Löffelholz keine Mode. Es geht ihr nicht um Trends, sondern um Kleidung als ein Mittel der Kommunikation.

Ihre Kundinnen sind häufig in führenden Positionen tätig, sind selbstständig oder stehen in der Öffentlichkeit. Ihnen etwas auf den Leib zu schneidern, das sie stärkt, ihre Persönlichkeit unterstreicht und ihnen Souveränität verleiht, ohne dabei ihre Weiblichkeit zu leugnen, ist ihr vordringliches Anliegen.

Sie hört gut zu, bevor sie konkrete Vorschläge macht. Welche Anlässe gibt es? Welcher Eindruck soll entstehen? Dabei sieht und hört sie oft mehr, als ihre Kundinnen sagen. Denn tatsächlich dauert es nicht lange, bis man sich von Ruth Löffelholz auf eine sehr persönliche und doch diskrete Weise verstanden fühlt.

»Ich habe selbst erlebt, wie manipulativ Kleidung ist«, erzählt sie. »Mit und durch Kleidung ist es möglich, etwas auszudrücken.« Bevor sie ihr Atelier in der Friedrichstraße eröffnete, hat sie lange als Kostümbildnerin für den Film gearbeitet und dort wichtige Erfahrungen für das Spiel mit Schein und Sein gesammelt.

In letzter Zeit schwärmen viele Kundinnen, die zu ihr kommen, von Christine Lagarde, der französischen Politikerin und Präsidentin der Europäischen Zentralbank. Daraufhin hat Ruth Löffelholz den Stil von Lagarde ausführlich studiert, sich Interviews und Videos von öffentlichen Auftritten angeschaut und ist zu dem Schluss gekommen: »Es ist die Haltung, mit der Lagarde manchmal auch ganz unspektakuläre Dinge wie einen Cardigan trägt oder aber eine knallweiße Lederjacke zu einem Anlass, der eigentlich nicht für knallweiße Lederjacken gemacht ist: stolz, aufrecht und mit einer großen Selbstverständlichkeit.« Die Schnitte von Ruth Löffelholz sind immer körpernah. Die Taillierung ist ihre Spezialität. »Die Autorität der Frau ist und bleibt

für mich ihre Weiblichkeit«, erklärt sie. Und diese gilt es zu betonen. Dabei spielen ihre Entwürfe häufig mit Elementen männlicher Bekleidungsmerkmale wie Rückenschlitze oder Einstecktaschen, die sie durch eine besondere Schnittführung zu weiblichen Attributen umdefiniert.

Gemeinsam mit ihrem Vater, dem Schriftsteller und Pionier der experimentellen Literatur, Franz Mon, hat sie zum 25. Jubiläum ihres Ateliers ein ganz wunderbares Projekt realisiert. Entstanden sind Wortbilder aus Begriffen der Haute Couture, in denen Franz Mon die Typografie zu grafischen Ornamenten verschmelzen lässt, die formal mit der Bedeutung des Wortes spielen. Auf dem Schaufenster prangt seither das Wortbild »Silhouette« aus riesigen schwarzen Lettern. Im Atelier stehen große Leuchtkästen mit weiteren Wortbildern.

Eine schwarz-weiße Collage ihres Vaters aus ihrem Geburtsjahr hat Ruth Löffelholz schließlich mehrfach vergrößert und dann auf Seide drucken lassen, um daraus wiederum Kleidungsstücke zu schneidern: ein Kostüm, ein Kleid und einen Mantel, die dem Wort »Textilie« eine ganz neue Bedeutung verleihen.

Gudd Stubb

FESTHALLE MESSE FRANKFURT
LUDWIG-ERHARD-ANLAGE 1
60327 FRANKFURT
TEL. 069 75750
FESTHALLE.MESSEFRANKFURT.COM

Das Konzert von Frank Zappa im Juli 1980 in der Festhalle war rasch ausverkauft, und ich hatte keine Karte mehr bekommen. Einen Tag vor dem Ereignis, auf das wir alle lange schon hingefiebert hatten – es war die Zeit der Alben »Sheik Yerbouti« und »Joe's Garage« –, überreichte mir ein Freund dann ein knallgelbes Stück Karton mit roter Schrift: »Zappa in Concert« stand darauf. Er hatte einfach eine Kopie seiner Eintrittskarte auf weißen Chromoluxkarton gemalt. Selbst den Stempel »Stadtsteueramt Frankfurt am Main« samt Adler hatte er kopiert. Nur das Kleingedruckte »Keine Haftung für Sach- und Körperschäden, Zurücknahme nur bei Absage oder

Verlegung ...« war mangels eines feineren Stifts lediglich mit dünnen Strichen angedeutet. Und die Perforation für den Abriss fehlte gänzlich. Ich war mir nicht sicher: Sollte die Karte einfach ein Trost sein? Oder war sie als Aufforderung gedacht? Ich entschied mich für letzteres, passierte am Abend völlig unproblematisch die Kontrollen an den Gittern vor dem Gelände – hier musste man die Karte nur zeigen, sie wurde erst innen abgerissen – und ging mit Herzklopfen in die riesige Halle. Die anderen sollte ich im Innenraum treffen. Ich stellte mich in die Schlange und tat so beiläufig wie nur irgend möglich – dabei knickte ich die Karte unablässig hin und her,

damit das mit der fehlenden Perforation nicht so auffiel. Kurz bevor ich vor Aufregung beinahe in Ohnmacht fiel, war ich tatsächlich drin – mit einer selbstgemalten Konzertkarte auf weißem Chromoluxkarton.

Der Architekt Friedrich von Thiersch, der auch das Kurhaus in Wiesbaden und die Maximiliansbrücke in München baute, entwarf die Festhalle Anfang des 20. Jahrhunderts als Veranstaltungs- und Mehrzweckhalle im Stil des Neobarock: ein prächtiges Bauwerk in rotem, für die Region so typischen Miltenberger Sandstein. Mit seinen kleinen Ecktürmen und Kuppeldächern, der vorgelagerten Rotunde und zahlreichen Amphoren auf den Balustraden hat sich das alte Gebäude bis heute etwas Majestätisches bewahrt und behauptet sich immer noch bestens zwischen all den modernen und eher zweckmäßigen Gebäuden ringsum. Im Inneren verleiht die fast vierzig Meter hohe Kuppel aus Glas und Stahl jeder Veranstaltung etwas Erhabenes. Knapp 15 000 Menschen finden in Frankfurts Wohnzimmer – der »Gudd Stubb« – Platz.

Mit dem »3. Wettstreit Deutscher Männergesangvereine« wurde die Festhalle in Anwesenheit von Kaiser Wilhelm II. am 19. Mai 1909 offiziell eröffnet. Noch im selben Jahr fand in der Festhalle die »Internationale Luftschiffahrt-Ausstellung« statt. Besucher konnten die neuesten Fluggeräte bestaunen und über dem gesamten Stadtgebiet wurden spektakuläre Fahrten von Ballons und Luftschiffen des Grafen Zeppelin abgehalten. Der Frankfurter Metzgermeister Stephan Weiss erfand aus diesem Anlass zu Ehren des Grafen die Zeppelinwurst: eine Leberwurst nach besonderer Rezeptur. Weiss holte sich vom Grafen persönlich die Genehmigung, die Wurst nach ihm benennen zu dürfen, und ließ seine Spezialität beim Kaiserlichen Patentamt eintragen. Noch heute wird die Zeppelinwurst nach Originalrezept zubereitet: bei Metzgerei & Feinkost Ebert auf der Großen Bockenheimer Straße, der sogenannten »Freßgass«, im Stammhaus der ehemaligen Metzgerei Weiss.

Zwischen 1911 und 1983 fanden die legendären Sechstagerennen in der Halle an der Ludwig-Erhard-Anlage statt. Radsportler wie Fritz Pfenninger, Rudi Altig, Peter Post oder Dietrich Thurau wurden hier einst wie Hollywoodstars gefeiert. Zur Weihnachtszeit gastiert in der Festhalle seit vielen Jahren die Show »Holiday on Ice«. Bei einem der aufsehenerregendsten Davis-Cup-Matches gewann 1985 Michael Westphal gegen Tomáš Šmíd nach 5 Stunden und 29 Minuten. In der Festhalle wurden und werden große Boxkämpfe und wichtige Pferdeturniere ausgetragen, internationale Messen organisiert und natürlich immer wieder spektakuläre Rock- und Popkonzerte veranstaltet. Neben all den glamourösen Ereignissen gibt es allerdings auch ein dunkles Kapitel in der Geschichte der Festhalle: Im November 1938 starteten von der Festhalle aus die ersten Massentransporte in die Konzentrationslager. Eine eiserne Gedenktafel an der Rotunde erinnert seit 1991 daran.

Nordend

Das Tor der Tore

TOR ZUM HOLZHAUSENSCHLÖSSCHEN
OEDER WEG / PAUL-HINDEMITH-ANLAGE
60318 FRANKFURT

LOGENHAUS IM FINKENHOF
FINKENHOFSTRASSE 17
60322 FRANKFURT
MI, DO 20-01 UHR
FR, SA 20-02 UHR
LOGENHAUS-BAR.COM

TIPP

VON DER PAUL-HINDEMITH-ANLAGE SIND ES
ZU FUSS ETWA ZEHN MINUTEN ZUM LOGEN-
HAUS, EINER HISTORISCHEN VILLA, IN DER
DIE FREIMAURER RESIDIEREN. HIER BEFIN-
DET SICH DER NACHTSALON, EINE STILVOLL
EINGERICHTETE BAR MIT EINER GROSSEN
AUSWAHL AN GINS UND COCKTAILS. IM
SOMMER KANN MAN SEINE DRINKS AUCH
IM GARTENSALON GENIESSEN - EINEM VER-
WUNSCHENEN GRÜNEN HINTERHOF.

Lange habe ich die Geschichte dieses Tores nicht gekannt. Es steht auf einer kleinen Anlage, die nach dem Komponisten Paul Hindemith benannt wurde, etwas abseits vom Oeder Weg. Meine Wege führen mich häufig hier vorbei und ich fand es eine wunderbare Idee, einfach ein Tor aufzustellen – ein Tor zum Durchschreiten. Ein Tor, das ein Vorher und Nachher markiert. Einen Schritt, eine Veränderung. Ein Tor, durch das man geht, um

ben ist. Das Schlösschen wurde Anfang des 18. Jahrhunderts als barockes Wasserschloss mit Bogenbrücke nach Plänen des Schlossarchitekten Louis Rémy de la Fosse erbaut. Der kinderlose Adolph von Holzhausen schenkte das Schloss und den Park rund zweihundert Jahre später der Stadt. Es folgte eine wechselvolle Geschichte. Unter anderem hatte der Architekt Ernst May Büro und Wohnung zeitweise im Schlösschen: Von hier aus plante er das Neue Frankfurt. Nach dem Zweiten Weltkrieg wurde das kleine Wasserschloss kurzzeitig von den Amerikanern genutzt, ab 1952 diente es als Museum für Vor- und Frühgeschichte. Seit 1989 ist es nun Sitz der Frankfurter Bürgerstiftung, die mit einem abwechslungsreichen Programm dem Wunsch des Schenkers Adolph von Holzhausen, das Schlösschen zu erhalten und zu kulturellen Zwecken zu nutzen, gerecht wird. Es gibt Konzerte, Vorträge, Ausstellungen und Lesungen sowie ein umfangreiches Programm für Kinder. Aber die Idee mit dem Tor gefällt mir noch immer. In jeder Stadt sollte irgendwo ein prächtiges Tor stehen, das nichts weiter ist als ein Tor, das man einfach durchschreiten kann.

einen Entschluss zu besiegeln. Es ist ein prächtiges schmiedeeisernes Tor zwischen zwei massiven quadratischen Sandsteinsäulen, auf denen steinerne Amphoren thronen. Das Tor ist weder Teil einer Mauer noch eines Zauns. Es steht einfach so da. Als Inbegriff von Tor. Ich war so mit dieser Idee beschäftigt, dass mir nie in den Sinn kam, meinen Blick einmal schweifen zu lassen. Dann nämlich hätte ich die Kastanienallee direkt hinter dem Tor entdeckt, die genau auf das hübsche Holzhausenschlösschen führt. Das Tor markiert den früheren Eingang des Parks der Familie von Holzhausen, von dem heute nur ein kleiner, sehr beliebter Stadtpark übrig geblieben

Muita calma nessa alma

RESTAURANT ALMA
SCHWARZBURGSTRASSE 78
60318 FRANKFURT
DI - SA 18-23 UHR
TEL. 069 272 48 227
WWW.ALMA-RESTAURANT.COM

Auch das ist typisch Frankfurt: Man geht zur Portugiesin, um endlich mal wieder einen Handkäs' zu essen. Doch der Reihe nach. Das »Alma« ist ein schönes, kleines Restaurant im Frankfurter Nordend. In die Holztische sind gemusterte Kacheln – portugiesische Azulejos – eingelassen. Auch am blauen Tresen finden sich einige Azulejos. Ganz oben im Regal hinter dem Tresen steht ein kleiner Galo de Barcelos – der Hahn, der der Legende nach einem Bauern das Leben gerettet hat. Doch mehr Folklore werden Sie hier nicht finden. Ein klassisches portugiesisches Lokal ist das »Alma« nämlich nicht. Viele Gerichte scheinen auf den ersten Blick vielleicht typisch,

sind dann aber doch anders. Stockfisch kommt schon mal in Begleitung eines Wildkräutersalats auf den Teller. Und die »Caldeirada de Peixe e Bambas«, der Tontopf mit Fisch, erhält durch Fenchelsamen eine besondere Note. »Das würde so in Portugal niemand machen«, erklärt Chefin Zaira Ponte, die aus der Region Almada auf der Península de Setúbal stammt. Es gibt auch keine Pommes frites, wie sie in der einfachen portugiesischen Küche zu beinahe jedem Gericht serviert werden. Zur Begrüßung stellt Zaira Ponte Sardinenpaté und köstliche kleine Oliven auf den Tisch, dazu frisch gebackenes Maisbrot. Und zum Aperitif gibt es einen herrlich erfrischenden Porto tónico: weißer Portwein mit Limette und Tonic Water.

Und jetzt zum Handkäs', der tatsächlich von Anfang an auf der Karte stand. »Den verdanke ich meinem ersten Koch«, erklärt Zaira Ponte. Jens Schmidt hat ein Buch über Handkäse geschrieben, der in Frankfurt bekanntlich meist mit Musik – Essig, Öl, Zwiebeln – serviert wird. Jens Schmidt nahm eine Internationalisierung des Frankfurter Gerichts vor und verpasste jedem Land ein Handkäs'-Rezept. Darunter auch diese köstliche Variante, die heute ein Dauerbrenner auf der Karte des »Alma« ist: Der Handkäse wird in Korianderöl eingelegt, dazu gibt es karamellisierte Mandeln und Chili. Ein Gedicht! Sehr empfehlenswert ist auch der Oktopus, den Zaira Ponte kurzzeitig für ein anderes Gericht von der Karte nahm, um für mehr Abwechslung zu sorgen, und nach zahlreichen Protesten sofort wieder draufsetzte. Der Polvo in Zitronensoße ist herrlich zart und wird mit Kartoffeln und Ofengemüse serviert. Wenn Ihnen bei portugiesischem Wein nur »Vinho Verde« einfällt, werden Sie im »Alma« erleben, wie vielfältig die Weine Portugals sind. Vermutlich gibt es in Frankfurt niemanden, der sich so gut mit portugiesischen Weinen auskennt wie Zaira Ponte. Mit großer Leidenschaft versucht sie ihren Gästen auch die hierzulande eher unbekannten – und nebenbei bemerkt sehr schwer auszusprechenden – Rebsorten wie Alvarinho, Encruzado, Alfrocheiro oder Verdelho nahezubringen. Sie lässt ihre Gäste grundsätzlich probieren, erklärt, aus welcher Region der Wein kommt und was das Besondere ist.

»Muita calma nessa alma, vai ficar tudo bem«, heißt es in einem Song der brasilianischen Sängerin Marcela Taís. »Die Seele ist ruhig – alles wird gut.« Ein Abend im »Alma« trägt in jedem Fall dazu bei – im Sommer auch auf der zauberhaften kleinen Terrasse.

22

U 5, BUS 32 DEUTSCHE NATIONALBIBLIOTHEK

Das Gedächtnis der Nation

DEUTSCHE NATIONALBIBLIOTHEK

ADICKESALLEE 1

60322 FRANKFURT

MO - FR 9-22 UHR, SA 9-18 UHR

TEL. 069 1525-0

WWW.DNB.DE

TIPP

BEIM GRIECHEN IN DER »NIBELUNGEN-
SCHÄNKE« ISST MAN SEHR GUT. LASSEN
SIE SICH NICHT ABSCHRECKEN: VON
AUSSEN SIEHT DAS LOKAL EHER WIE EINE
UNSCHEINBARE BIERKNEIPE AUS. BESON-
DERS SCHÖN IST DER MEDITERRANE GARTEN
IM HINTERHOF, VON DEM MAN VON DER
STRASSE AUS NICHTS, ABER AUCH GAR
NICHTS AHNT.

NIBELUNGENSCHÄNKE

NIBELUNGENALLEE 55

60318 FRANKFURT

Wir trinken Kaffee in der Buchhandlung, kaufen Skisocken
beim Kaffeeröster und Laptops
beim Discounter. Warum also
nicht mal in eine Bibliothek gehen, um sich Kunstwerke anzuschauen? Die eigentliche Aufgabe der Nationalbibliothek ist
es, alle Werke in Schrift und Ton
zu sammeln, zu dokumentieren
und zu archivieren, die seit 1913
in und über Deutschland oder in
deutscher Sprache veröffentlicht
werden. Das meiste davon ist
in drei unterirdischen Geschos-
sen untergebracht und kann bequem per digitaler Ausleihe für

den Lesesaal bestellt werden. Was aber selbst viele Frankfurterinnen und Frankfurter nicht wissen: Die Deutsche Nationalbibliothek, deren eine Hälfte sich an einer großen Kreuzung am Alleenring befindet – die andere steht in Leipzig –, besitzt eine Reihe sehenswerter Kunstwerke. Schon von Weitem sichtbar ist die große Backsteinskulptur des dänischen Künstlers Per Kirkeby, einem ehemaligen Professor an der Städelschule. Es ist eine Art durchlässige Wand. Die Backsteintore kann man durchschreiten, gleichzeitig ist durch die im Winkel angeordneten Tore ein Platz vor der Bibliothek entstanden.

In der Eingangshalle der Bibliothek räkelt sich prominent die hölzerne Skulptur »Armalamor« von Georg Baselitz. Die Pose der grob aus Holz gesägten Figur erinnert ungelenk an klassische Vorbilder aus Marmor oder Bronze. Ihre Oberfläche ist mit kariertem Stoff überzogen, was man erst beim genaueren Hinschauen feststellt. In der Cafeteria hängen einige kleinformatige Aufnahmen von berühmten Bibliotheken der Fotografin Candida Höfer. Im Dienstbereich der Bibliothek und vor dem Vortragssaal in der ersten Etage befinden sich weitere Arbeiten von ihr. Hier steht auch die Skulpturengruppe von Tobias Rehberger, die sich bei genauerer Beschäftigung als komplexes Verwirrspiel entpuppt. Um den insgesamt achtzehn merkwürdigen Objekten und Figuren auf die Spur zu kommen, empfiehlt es sich, das Buch, zu dem es auf einem Objektschild einen Hinweis gibt, für den Lesesaal auszuleihen. Die Installation »Heimkehr der Erinnerung. Fragen für Walter Benjamin« von Jochen Gerz befindet sich auf der Dachterrasse der Bibliothek mit Blick auf die Frankfurter Skyline. Und im Parkhaus begegnet man der dreiteiligen, fast unscheinbaren Installation »Flügel« des russischen Künstlers Ilya Kabakov, die sich über drei Etagen erstreckt. Alle Kunstwerke, auch die im Dienstbereich, können bei Führungen besichtigt werden.

Seit 2018 gibt es auch die sehr empfehlenswerte Dauerausstellung des deutschen Exilarchivs: »Exil. Erfahrung und Zeugnis«. Koffer, Briefe, Pässe und Alltagsgegenstände ermöglichen einen vielfältigen und sehr intensiven Blick auf das Leben auf der Flucht vor dem NS-Staat und im Exil. Die Bibliothek bietet neben klassischen Führungen auch das kostenlose Kurzformat »Geschichte(n) am Mittag« an, das mit unterschiedlichen thematischen Schwerpunkten in fünfzehn Minuten durch die Ausstellung führt.

23

Größenwahn als gastronomische Tugend

CAFÉ GRÖSSENWAHN

LENAUSTRASSE 97 / ECKE NORDENDSTRASSE

60318 FRANKFURT

MO - SO 16-01 UHR

TEL. 069 599 356

WWW.CAFE-GROESSENWAHN.DE

Regelmäßig nach den Demos gegen die Startbahn West Anfang der 1980er Jahre gingen wir ins »Café Größenwahn«. Wir trafen uns dort, um die Gründung einer Hegelgruppe zu beschließen, in der wir uns einmal pro Woche mit der »Phänomenologie des Geistes« befassen wollten. Hier stimmte ich meinem ersten – und einzigen – Urlaub auf einem Campingplatz zu. Und in meinem Bekanntenkreis gibt es mindestens drei Paare, die sich im »Größenwahn« kennen – und lieben gelernt haben – ist es nicht wunderbar, welche Wendung der Satz nimmt, sobald man einfach die Anführungszeichen weglässt? Als ich mit dem Studium begann, gab es das »Café Grö-

ßenwahn« schon ein paar Jahre. Ich hatte eine Kommilitonin, die im Nordend wohnte, und häufig fand ich abends neben dem Telefon eine Notiz meines Vaters: »M. ist im Größenwahn. Wenn Du Lust hast, sollst Du vorbeikommen.« Er konnte es sich nicht verkneifen, das Wort »Größenwahn« mit abwechselnd drei Frage- und drei Ausrufezeichen zu versehen – und selbstverständlich ohne Anführungszeichen. Ab und an ergänzte er: »Sei vorsichtig!«

Die Gründer benannten ihr Lokal nach Vorbildern in Wien und Berlin, die Treffpunkte von Künstlern und Literaten waren, und wollten nichts Geringeres, als die Welt verändern – in einem Wirtshaus. An gleicher Stelle gab es zu Beginn des 20. Jahrhunderts bereits eine Gaststätte mit ähnlichen Zielen. Sie trug den Namen »Die Fackel« nach der gleichnamigen Zeitschrift von Karl Kraus, bevor das Lokal 1908 in »Zum Flicke Karl« umbenannt wurde.

Die Idee, der man sich bei der Gründung verschrieb, lautete: »Die Welt soll wärmer und weiblicher werden«. Seit eh und je treffen sich hier Alt-68er, Grüne, Linke, Schwule, Lesben, Künstler und Nachbarn. Der Flipperautomat, der anfangs im »Café Größenwahn« stand, wurde längst ausrangiert, der Namenszug in Sütterlin gegen einen etwas besser lesbaren ausgetauscht –

trotzdem ist das »Größenwahn« bis heute eine Kneipe geblieben. Man ist zusammen gealtert, junge Gäste sind dazugekommen und auf eine komplett unangestrengte Weise ist der Geist des »Größenwahn« im 21. Jahrhundert angekommen.

Das Essen war von Anfang an sehr gut. Eine Revolution zettelt man schließlich nicht mit faden Speisen und schlechten Weinen an. Die Grüne Soße ist ausgezeichnet und steht traditionell von Gründonnerstag bis zur Buchmesse auf der Karte. Auch die Spaghetti al Pesto sind ein Klassiker. Hinzugekommen sind viele weitere Gerichte wie etwa Kaninchenterrine, Coq au Vin oder Linguine mit Koriander-Pesto. Es gibt inzwischen sogar ein Kochbuch, in dem Küchenchef Thomas Sträter typische Gerichte gesammelt hat. Das »Größenwahn« wird auch regelmäßig vom lokalen Gourmetführer ausgezeichnet. Mit beinahe stoischer Ruhe setzt das eingespielte Team seit Jahrzehnten ganz einfach auf klassische Tugenden: exzellente Qualität in der Küche und einen herzlichen Service. Sigmund Freud hat den Zustand des Größenwahns als Regression in eine frühkindliche Entwicklungsphase beschrieben – als die Empfindung, dass man alles besitzt, was man sich wünscht, mithin als einen Zustand vollendeter Zufriedenheit. Ab 16 Uhr im Nordend, möchte man ergänzen.

Gegessen wird, was auf den Tisch kommt

RESTAURANT CARTE BLANCHE
EGENOLFFSTRASSE 39
60316 FRANKFURT
MI - SO 18-00 UHR
TEL. 069 272 45 883
WWW.CARTEBLANCHE-FFM.DE

TIPP

DER CONCEPT STORE »2ND HOME« IST
EIGENTLICH EHER EINE HÜBSCHE ALTBAU-
WOHNUNG, IN DER MAN ALLES KAUFEN
KANN: TISCHE, LAMPEN, STÜHLE, SOFAS,
VASEN, GESCHIRR, ACCESSOIRES, ABER
AUCH SEHR SCHÖNE KLEIDUNG VON
WENIGER BEKANNTEN MARKEN.

2ND HOME
VOGELSBERGSTRASSE 38
60316 FRANKFURT
TEL. 069 405 64 842

Was ist von einem Restaurant zu halten, dessen Küchenchef sich »uneingeschränkte Handlungsfreiheit« herausnimmt? Denn nichts anderes bedeutet der Name »Carte Blanche«. Wenn Sie keine Überraschungen mögen, sind Sie hier falsch. Wenn Sie jedoch Lust haben, sich auf einen genussreichen Abend in angenehmer Atmosphäre einzulassen, werden Sie in jedem Fall belohnt. Alles, was Sebastian Ziese tagesfrisch einkauft, wird zu einem Menü verarbeitet, von dem man unterschiedlich viele Gänge mit und ohne Weinbegleitung wählen kann. Gegessen wird also, was auf den Tisch kommt. Der Vorteil dieses Konzepts: Die Küche kann viel besser

kalkulieren, zudem ist es nachhaltig, denn es muss weniger weggeworfen werden. Und Sie probieren Gerichte, die Sie vielleicht so nie bestellt hätten. Auch Unverträglichkeiten können auf diese Weise einfach berücksichtigt werden. Der Einkauf wird tagesaktuell auf der Website des »Carte Blanche« bekannt gegeben. Das liest sich dann zum Beispiel so: Lachs, Salicorn, wilder Brokkoli, Taube, Aprikose, Buchweizen, Erbse, Liebstöckel, Fenchel, Ziegenfrischkäse, Aubergine, Miesmuschel, Lamm, Kreuzkümmel, Haselnuss. Nun können Sie mutmaßen, ob der Ziegenfrischkäse vielleicht eine Liaison mit dem wilden Brokkoli eingeht oder das Lamm sich zum Leidwesen der Aubergine verwegen mit der Aprikose zusammentut. Ich versichere Ihnen: Es bleibt spannend bis zum letzten Gang. Auf dem Tisch steht selbstgebackenes Brot, dazu gibt es Öl in kleinen Fläschchen, das sich mit einer Pipette dosieren lässt: Das ist witzig, aber tatsächlich auch sehr praktisch. Die Weine zum Menü sind durchweg sehr stimmig und halten die eine oder andere Besonderheit bereit. Es lohnt sich also durchaus, auf die Weinbegleitung zu setzen. Der Riesling »Von den Terrassen« von Thomas Dollt aus der Pfalz etwa besticht mit vielfältigen Aromen, schmeckt frisch und ist der perfekte Begleiter zum Lachs. Der 2016er »Nachhall«, ein Cuvée aus Weißburgunder und Riesling von Christian Bamberger von der Nahe, hat eine intensiv gelbe Farbe, viel Körper und passt mit seiner Vanillenote perfekt zur gebratenen Taube mit Aprikosensauce und Buchweizencrunch.

Und während Sie sich noch den Köstlichkeiten aus der Küche hingeben und dem letzten Schluck Wein nachschmecken, ist gegenüber ein Raumschiff gelandet und wird eifrig umlagert. Durch die großen Fenster des »Carte Blanche« blicken Sie nämlich über die Friedberger Landstraße hinweg direkt auf den Matthias-Beltz-Platz, benannt nach dem viel zu früh verstorbenen Kabarettisten, Autor und Grimme-Preisträger. Es dämmert langsam und das Wasserhäuschen »Gudes« hat dort gerade sein Licht eingeschaltet, das nun durch die geöffneten Luken unter dem runden Vordach strahlt.

Ostend

S 1–6, 8, 9 OSTENDSTRASSE, TRAM 18 HOSPITAL ZUM HEILIGEN GEIST,
BUS 30, 36 SCHÖNE AUSSICHT

Literatur für alle

LITERATURHAUS
SCHÖNE AUSSICHT 2
60311 FRANKFURT
MO – FR 9–12 UHR, SA 14–17 UHR
SOWIE BEI VERANSTALTUNGEN
TEL. 069 756 1840
LITERATURHAUS-FRANKFURT.DE

TIPP

DER »PORTIKUS« FÜR ZEITGENÖSSISCHE
KUNST BEFINDET SICH HEUTE AUF EINER
KLEINEN INSEL IM MAIN AN DER ALTEN
BRÜCKE. IM DACH LEUCHTET NACHTS EINE
INSTALLATION VON ÓLAFUR ELÍASSON.
DER EINTRITT ZU DEN WECHSELNDEN
AUSSTELLUNGEN IST KOSTENLOS.

Kurz vor dem Abitur war ich zu einem Auswahlseminar der Studienstiftung des Deutschen Volkes eingeladen. Dort entwickelte ich folgende Idee: Gedichte werden wie Flugblätter verteilt. Sie werden – zum Beispiel über der Frankfurter Hauptwache – einfach mit dem Flugzeug abgeworfen. So stellte ich mir damals Flugblätter vor: dass ein Flugzeug sie abwerfen würde. Die Menschen würden die Gedichte lesen und begeistert sein. Denn wüssten alle, wie wunderbar Gedichte sind, wie sehr sie berühren, trösten und den Blick auf die Welt verändern können, würden viel mehr Menschen Gedichte lesen. Nur: An die Bücher mit rätselhaften Titeln wie »Dui-

Gedichte zum Mitnehmen

neser Elegien«, »Die Bearbeitung der Mütze« oder »Die Niemandsrose« trauten sie sich einfach nicht heran. Ich hielt eine flammende Rede. Viele Jahre später sah ich: Im Literaturhaus hatten sie eine ganz ähnliche Idee. Und sie brauchen nicht mal ein Flugzeug dafür. Die Gedichte hängen einfach mit kleinen Ringen an Metallstangen. So kann man sich nach einer Lesung noch mit Lesestoff für den Nachhauseweg versorgen.

Ursprünglich residierte die Alte Stadtbibliothek in dem prächtigen Gebäude unweit des Mains. Im Zweiten Weltkrieg wurde der Bau jedoch fast völlig zerstört und lediglich der Portikus blieb unversehrt. Ende der 1980er

Jahre wurde dieses Säulenportal auf Anregung des damaligen Rektors der Städelschule, Kasper König, von den Architekten Marie-Theres Deutsch und Klaus Dreissigacker um einen Anbau ergänzt – ein schlichter Container bildete fortan den Ausstellungsraum »Portikus« für zeitgenössische Kunst. Das gefiel mir, hatte es doch etwas angemessen Provisorisches. Es ließ dem beschädigten Gebäude seine Geschichte, zu der eben auch die Beschädigung gehörte, und schaffte dennoch etwas Neues. Darum fremdelte ich anfangs ein wenig mit dem prächtig wiederhergerichteten und weiß herausgeputzten klassizistischen Gebäude, in das das Literaturhaus 2005 zog. Hauke Hückstädt, der das Literaturhaus seit 2010 leitet und es hoffentlich noch sehr lang tun wird, und sein Team leisten ganze Arbeit und stellen ein spannendes, vielfältiges und aktuelles Programm auf die Beine. Vor oder nach einer Lesung empfiehlt sich das Restaurant »Goldmund«, das sich im selben Gebäude befindet. Hückstädt und seine literarischen Gäste sitzen hier nach den Lesungen oft noch auf ein Glas Wein. Auch das Essen ist vorzüglich und im Sommer lockt eine lauschige Terrasse mitten in der Stadt.

Alles Wurst

METZGEREI GREF-VÖLSINGS

HANAUER LANDSTRASSE 132

60314 FRANKFURT

MO 7-14 UHR, DI - FR 7-16 UHR,

SA 7-13 UHR

TEL. 069 433 530

WWW.GREF-VOELSINGS.DE

»Aber kräh: Völsing«, rief uns die Mutter meiner Freundin noch nach. Wir sollten nach dem Spielplatz noch beim Metzger vorbei, um Würste mitzubringen. Als wir uns am späten Nachmittag auf den Nachhauseweg machten und verschwitzt und erschöpft vom Spielen und Schaukeln vor der Theke der Metzgerei standen, tat meine Freundin, wie ihr aufgetragen war: Sie krähte »Völsing«. »Vier Stück«. »Rindsworscht wollder«, kommentierte die Verkäuferin knapp und wickelte vier pralle, nicht sehr lange Würste von rotbrauner Farbe in Wachspapier. Mir waren sofort die kleinen Metallringe an den Wurstenden aufgefallen und ich überlegte auf

Die Wurst besteht seit jeher zu hundert Prozent aus Rindfleisch, wird in einen Rinderdarm abgefüllt und über Buchenholz geräuchert – was ihr den besonderen Geschmack verleiht. Die kleinen Metallringe, mit denen die Würste an den Enden fest verschlossen werden, sind inzwischen blau und das Erkennungsmerkmal der echten Gref-Völsings. 1913 zog das Unternehmen in das damals neue Gewerbegebiet des Frankfurter Osthafens im Ostend. Hier in der Hanauer Landstraße befindet sich die Metzgerei noch immer. Das Ostend hat in den letzten zwanzig Jahren einen enormen Wandel erfahren. Ich erinnere mich noch, wie ich als Studentin mit meinem alten Mini Cooper von Bockenheim in die Hanauer musste, weil es hier die einzige Werkstatt mit englischem Zollwerkzeug gab. Ansonsten waren hier vor allem kleine und mittlere Industriebetriebe. Nichts zog einen in diese unwirtliche Gegend. Das änderte sich, als ein historisches Brauereigelände Ende der 1990er Jahre zu einem attraktiven Ort mit Kneipen, Geschäften, Werbeagenturen, der Romanfabrik und dem legendären »King Kamehameha Club« umgebaut wurde. Inzwischen ist die Hanauer Landstraße eine recht belebte Straße mit Möbel-

dem Nachhauseweg, wofür die wohl sein könnten. Es dauerte noch etliche Jahre, bis ich begriff, dass meine Freundin nicht »Völsing« krähen, sondern einfach vier Rindswürste von Gref-Völsing kaufen sollte, der vielleicht traditionsreichsten Metzgerei Frankfurts – und eben berühmt für ihre Rindswürste.

Die Metzgerei wurde im Januar 1894 von Karl Gref und Wilhelmine Völsing am Tag ihrer Hochzeit in der Frankfurter Altstadt gegründet. Von der Rindwurst, die sie von Anfang an im Sortiment hatten, versprach man sich gute Geschäfte. Sie war nämlich vor allem für die zahlreichen jüdischen Kunden gedacht, die aufgrund ihrer Religion kein Schweinefleisch aßen.

geschäften, Filmproduktionen und Tonstudios, Agenturen und sehr vielen Autohäusern. Um die Mittagszeit ist es darum auch entsprechend voll bei Gref-Völsings. Bauarbeiter, Anzugträger, IT-Nerds, Werbetexter, Autoverkäufer, Möbelhändler: Alle stärken sich hier. Man steht dann mit seinem Pappteller mit Wurst, Senf und Brötchen Seite an Seite direkt am Fenster und auf jeden Fall immer ein bisschen im Weg. Aber irgendwie funktioniert es dann doch.

Klingende Aussicht

SONIC VISTA
DEUTSCHHERRNBRÜCKE, ZWISCHEN
OSTEND UND SACHSENHAUSEN
60314 FRANKFURT

Jede Stadt hat ihre eigenen Geräusche. Wenn man zum Beispiel frühmorgens durch Florenz streift, bestimmt das laute Rattern der schweren Metallrollläden der Alimentari, Bäckereien und Metzgereien den Klang der Stadt. Selbst die Vögel scheinen für einen Moment darüber zu verstummen. Oder London: Das Erste, was mir einfällt, wenn ich sagen sollte, wie diese Stadt klingt, ist die Ansage an vielen U-Bahn-Stationen: »Mind the gap.« Der Sound einer Stadt spiegelt etwas von ihrer Betriebsamkeit wider und ist voller Energie. In New York können sich Arbeitsnomaden seit Kurzem die Sounds verschiedener Stadtteile auf den Kopfhörer spielen,

falls sie doch mal zu Hause am Schreibtisch sitzen und ohne die Hintergrundgeräusche ihres Lieblingscafés nicht arbeiten können.

Wie Frankfurt klingt, kann man sich an der Deutschherrnbrücke anhören. Lange habe ich die beiden Kugeln an der Brücke – die eine blau, die andere rot – als Signale für die Schifffahrt auf dem Main gehalten. Ich nutze die Brücke eher selten bei meinen Spaziergängen am Fluss: Es ist eine zweigleisige Eisenbahnbrücke genau wie die Main-Neckar-Brücke weiter westlich, und wenn ein ICE über sie donnert oder ein Güterzug vorbeirumpelt, wackelt und rattert es ganz schön im Stahlgebälk.

Wie gesagt: Ich habe diese Kugeln immer für Sichtzeichen der Binnenschifffahrt gehalten. Doch dann machte ich zufällig eine tolle Entdeckung. Steht man unter einer der beiden Kugeln, meint man, wundersame Dinge zu hören: gurrende Tauben, Gesprächsfetzen, ein Flugzeug, das Klackern des Freilaufs eines Fahrrads, Kinderlachen, den Motor eines Bootes, den wummernden Start einer Harley. Nicht, dass das merkwürdige Geräusche sind, aber man hört sie anders: nah und fern zugleich, einmal in echt und einmal irgendwie anders. Bei den Kugeln handelt es sich nämlich um die Lautsprecher eines Klangkunstwerks der Komponisten und Klangkünstler Sam Auinger und Bruce Odland. Es besteht aus zwei langen Resonanzrohren, eines nimmt die Geräusche rund um das nördliche Ufer auf, das zweite die am Sachsenhäuser Ufer. Das nach Norden ist auf Fis gestimmt, das nach Süden auf H. In diesen Rohren verändern sich die Originalgeräusche zu didgeridooähnlichen Klängen, die dann über die beiden Lautsprecher wiedergegeben werden. Ich mag die Idee, die Stadt auch akustisch wahrzunehmen und gleichzeitig den herrlichen Blick auf die auf Fernwirkung gebaute Skyline zu genießen. Die Installation heißt übrigens »Sonic Vista« – klingende Aussicht.

28

Im Schatten der Türme

Zu den einschneidendsten Ver-änderungen in der Stadt zählt in den letzten Jahren sicherlich neben dem Wiederaufbau der Altstadt auch die Entwicklung des Ostends sowie der Bau der Europäischen Zentralbank, de-ren zwei leicht verdrehte Türme auf dem Korpus der ehemaligen Großmarkthalle thronen. Zwi-schen der Bank und dem Main wurde ein Sportpark mit Skate-areal und Basketball- und Fuß-ballfeldern angelegt. Im Osten wird dieser Park von der Hon-sellbrücke begrenzt, in deren Bögen sich der »Kunstverein Fa-milie Montez« befindet. Der Ver-ein hat sich der Vermittlung zeit-genössischer Kunst verschrieben und wurde von Mirek Macke

KUNSTVEREIN FAMILIE MONTEZ
HONSELLBRÜCKE AM HAFENPARK
HONSELLSTRASSE 7
60314 FRANKFURT
DI - SO 13.30-18 UHR
TEL. 069 297 23 577
KVFM.DE

und Anja Czioska 2007 als »Lola Montez« gegründet. Ursprünglich in den Räumen des Städelhofs zwischen Konstablerwache und Anlagenring zu Hause, ist die »Familie Montez« seit 2014 hier am Main angekommen. Der zentrale Raum ist mit einem Tresen ausgestattet und allerlei Sitzmöbeln unterschiedlichster Provenienz. Teppiche liegen auf dem Boden, in einer Ecke steht ein Klavier, denn neben Ausstellungen zeitgenössischer Kunst und Partys finden hier auch Konzerte statt. Unter dem Namen »Jazz Montez« treten junge Musikerinnen und Musiker der lokalen Szene auf und auch Solisten der Big Band des Hessischen Rundfunks wie etwa Tony Lakatos, Oliver Leicht oder Axel Schlosser. Nach den Konzerten legt oft ein DJ auf. Links schließen sich noch einmal mehrere kleinere Ausstellungsräume an. In einem von ihnen befindet sich die Sammlung Montez. Die Wände des Raums sind über und über mit Arbeiten bedeckt: stille Zeichnungen, Skizzenhaftes, aber auch Lautes, Wüstes, Selbstverliebtes – darunter viele Arbeiten von Absolventinnen und Absolventen der Städelschule, bekannten und weniger bekannten Künstlerinnen und Künstlern.

Bei schönem Wetter stehen vor den Bögen der Honsellbrücke Liegestühle. Der Main zieht in wenigen Metern Entfernung vorbei, die Türme der Zentralbank werfen ihre Schatten. Skater üben ihre Flips, Slides und Grinds. Ein paar Jungs kicken. Es ist ein Ort, wie er auch in Berlin oder London sein könnte: bunt, improvisiert, engagiert, unkompliziert. Seit neuestem gibt es montags bis freitags auch einen Mittagstisch, es werden Poetry-Slam-Abende mit Silent Slam veranstaltet, bei denen man draußen per Funkkopfhörer den Dichtern folgen kann, und es finden Yoga-Sessions statt. Nach und nach scheint aus dem Kunstverein ein kleines Kulturzentrum zu werden. 2016 stellte Annie Leibovitz bei »Familie Montez« neue Porträts ihrer Fotoserie »Women« aus. Die amerikanische Starfotografin zeigte sich bei der Vernissage sehr angetan von dem Ausstellungsort und auch von Frankfurt: »Ich spüre, dass sich in der Stadt gerade sehr viel verändert.«

29

Blaue Stunden am Fluss

BLAUES WASSER
FRANZIUSSTRASSE 35
60314 FRANKFURT
SAISONAL GEÖFFNET
INFOS AUF DER WEBSITE, AUF FACEBOOK
ODER AUF INSTAGRAM
TEL. 069 269 10 829
WWW.BLAUESWASSER.NET

Auch das ist typisch Frankfurt: Man geht oder fährt eine denkbar unwirtliche Straße zwischen Main und Hanauer Landstraße entlang, wo es außer Lastwagen und Baustofffirmen wenig Erheiterndes gibt, und kommt unversehens an einen der schönsten Orte, die es in der Stadt vielleicht gegenwärtig gibt. Doch der Reihe nach. Denn erst einmal betritt man ein kleines, schmuckloses Haus, findet sich in einer leeren, dunklen Bar wieder, in der vor allem der fleckige graue Teppichboden und die Gogo-Stange mitten im Raum auffallen. Jetzt gibt es nur zwei Möglichkeiten: Sie machen auf dem Absatz kehrt oder Sie gehen beherzt weiter. Letzteres sollten Sie

unbedingt tun. Denn sogleich betreten Sie eine große Holzterrasse mit Bambusdach, wie man sie auch in Südfrankreich oder in Montauk auf Long Island finden könnte. Bereits um 19 Uhr herrscht hier Hochbetrieb. Ständig treten neue Gäste aus dem Dunkel der Bar – und wer zum ersten Mal kommt, traut seinen Augen kaum. Es wirkt alles ein bisschen improvisiert, die Tische, die Stühle. Fast so, als hätte das »Blaue Wasser« schon viele Sommer hinter sich. Dabei gibt es das Lokal erst seit ein paar Jahren. Die Speisekarte auf der Terrasse bietet neben einer Reihe von vegetarischen Gerichten wie Hummus, Oliven, Couscous mit Minz-Joghurt, Kichererbsen- und Au-

berginensalat auch Fisch und Fleisch vom Grill. Dazu gibt es eine Auswahl ordentlicher Weine und an der rot beleuchteten Bar auch noch Cocktails und Longdrinks. Ohne zu reservieren hat man allerdings kaum eine Chance, einen Tisch auf der Terrasse zu ergattern. Dann kann man sich einen Platz unten am Wasser auf dem begrasten Uferstreifen suchen und bei Drinks und Flammkuchen den Schiffen beim Vorbeifahren zuschauen – und manchen Booten auch beim Anlegen, denn einige Gäste reisen tatsächlich übers Wasser an. Im Baum dreht sich eine Discokugel. Bunte Bänder flattern im Wind. Ein Abend im »Blauen Wasser« ist fast wie ein Tag Urlaub. Das Improvisierte, das dem »Blauen Wasser« neben der Lage direkt am Fluss seinen Charme verleiht, ist Programm: Seit 2016 heißt es, dass man das Gebäude, in dem tatsächlich zuletzt ein Bordell war, zugunsten einer neuen Eventlocation abreißen möchte. Aber solange sich die Betreiber mit der Stadt, der das Gelände gehört, nicht einigen können, bleibt das »Blaue Wasser« einer der schönsten Orte der Stadt – im Sommer. Denn im Winter und bei schlechtem Wetter bleibt die Terrasse zu. Wenn der Blick in die Wetter-App nicht eindeutig ist: Die Öffnungszeiten werden immer zu Wochenbeginn als »Fahrplan« auf Facebook und Instagram mitgeteilt.

Wohnen in der Wunderkiste

LINDLEY HOTEL
LINDLEYSTRASSE 17
60314 FRANKFURT
TEL. 069 506 086 050
DAS-LINDENBERG.DE

TIPP

DAS TEAM VON »MORGEN INTERIORS«
ENTWIRFT KÜCHEN UND MÖBEL, HAT EINI-
GE BÜROS UND LOKALE - DARUNTER ZUM
BEISPIEL DAS »BAR SHUKA« (SIEHE LIEB-
LINGSORT NR. 31) - EINGERICHTET, UND
IST VOR EINIGEN JAHREN IM OSTHAFEN
DIREKT AM WASSER ANGEKOMMEN.
HIER BEFINDET SICH NICHT NUR DIE
MANUFAKTUR, SONDERN AUCH EIN LICH-
TER, GROSSZÜGIGER RAUM MIT MÖBELN
NAMHAFTER HERSTELLER UND DESIGNER

WIE SEBASTIAN HERKNER, TOM DIXON,
ARPER ODER GUBI.

MORGEN INTERIORS
LINDLEYSTRASSE 5 / EINGANG WASSERSEITE
60314 FRANKFURT
TEL. 069 430 58 740

Ich bin wahnsinnig gerne auf Reisen und mir fallen ständig neue Orte ein, die ich unbedingt noch erkunden will. Vor allem Städte haben es mir angetan: Tiflis, Kopenhagen und Valencia stehen als Nächstes auf dem Plan. Und: Ich liebe Hotels. Ich mag diese Atmosphäre zwischen Ankommen und Abreisen. Diese Orte, an denen sich die Wege von Menschen für kurze Zeit zufällig kreuzen. Und wann im-

mer ich davon lese, dass jemand Jahre seines Lebens im Hotel verbringt oder verbracht hat – denken Sie nur an Coco Chanel oder Udo Lindenberg –, komme ich ins Grübeln. Im Hotel ist man immer ein bisschen entrückt – angekommen, aber doch auf dem Sprung. Eine Art Transit als Dauerzustand. Eine brisante Mischung. Man könnte zudem all die Dinge, von denen man ohnehin zu viele hat, einfach Dinge sein lassen und würde sich auf das Nötigste beschränken. Zum Beispiel im »Lindley«. Es ist das jüngste Hotel der Lindenberg-Gruppe und wäre definitiv einen Versuch wert.

Wie auch schon im »Lindenberg« und dem »Libertine« wird hier eine andere Form von Hotelleben angestrebt: Sie nennen es »Gästegemeinschaft«. Viele Gäste bleiben über Wochen, manche sogar über Monate. Na bitte. Darum legen die Betreiber viel Wert auf Gemeinschaftsräume. Es gibt Küchen, in denen Gäste Hausgemachtes zum Probieren und Verarbeiten finden, einen gemütlichen Raum mit einer Bibliothek und einer feinen Auswahl an Schallplatten. Hier würde ich vielleicht noch ein paar Alben aus meiner Sammlung mitbringen. Im Baumraum würde ich Ruhe finden und mir im wunderbaren Kräuterraum ein paar Blättchen zum Verfeinern meiner selbstgekochten Pasta zupfen. Aber vielleicht würde ich gar nicht so oft selber kochen – ich wäre ja schließlich im Hotel. Also würde ich runter ins Erdgeschoss ins Restaurant mit dem schönen Namen »Leuchtendroter« gehen. Hier werden vegetarische Gerichte serviert. Die Produkte dazu kommen von den Braumannswiesen im Taunus, einem ökologisch bewirtschafteten Wald- und Wiesenterrain, auf dem all jene Kräuter und Gemüse gedeihen, die man für die Küche einsetzt. Die Braumannswiesen gehören Steen Rothenberger, dem Betreiber der Lindenberg-Hotels. Nach dem Abendessen würde ich zurück auf mein Zimmer gehen, das eher klein, aber sehr hochwertig und funktional eingerichtet ist. Das dominierende Material im Haus ist Kupfer, das sich in vielen Details, aber auch in der kompletten Innenauskleidung des Aufzugs wiederfindet und eine warme, fast kostbare Atmosphäre verbreitet. Die Möbel sind eine Mischung aus Art déco und aktuellem Design. An den Wänden hängen Fotografien zeitgenössischer Künstlerinnen und Künstler. Ein Blick auf die Uhr würde mir sagen, dass der Abend noch jung ist und ein Drink jetzt genau richtig wäre. Also würde ich mit dem Aufzug hinauf in die fünfte Etage fahren, in die Bar »Marmion« mit kleiner Terrasse. Und mit ein bisschen Glück würde ich von hier noch die Sonne über der Stadt untergehen sehen. Wieder auf dem Zimmer, würde ich dann noch einen Blick in das Buch auf meinem Nachttisch werfen: »So mochte er Frankfurt am liebsten, heiß am frühen Vormittag, unberechenbar, satt und trotzdem gierig, weil in ständiger Erwartung, dass etwas Überraschendes passieren würde.« »Er« ist Robert Brikschinski und die Hauptfigur in Artur Beckers wildem Roman »Der unsterbliche Mr. Lindley« – dem Buch zum Hotel. Dann würde ich einschlafen und von masurischen Birkenpilzen mit halluzinogener Wirkung träumen, die das Hotel im Roman für ganz besondere Gäste bereithält.

Bahnhofsviertel
und Gallus

31

All you need is Chuzpe

RESTAURANT BAR SHUKA
NIDDASTRASSE 56
60329 FRANKFURT
MO - MI 12-15 UHR, 18-22.30 UHR
DO - FR 12-15 UHR, 18-23 UHR
SA 7-11.30 UHR, 12.30-15 UHR,
18-23 UHR
SO 8-12 UHR, 18-23 UHR

SHUKA BAR
MO - MI 19-01 UHR, DO - SA 19-02 UHR
TEL. 069 256 677 2280
WWW.IMAWORLD.DE

Wer nach Tel Aviv möchte, nimmt am besten die U- oder S-Bahn bis zum Hauptbahnhof. Von dort sind es noch etwa drei Minuten zu Fuß. Hier unweit des Bahnhofs zeigt sich Frankfurt zunächst von seiner eher unwirtlichen Seite: leerstehende Geschäfte, Drogensüchtige, ein paar Bürogebäude, große Mülltonnen, die in Einfahrten stehen. Und dann: Tel Aviv. Das »Bar Shuka« ist das jüngste Projekt von James und David Ardinast, die das Bahnhofsviertel bereits mit dem »Maxie Eisen« und dem »Stanley Diamond« bereichert haben. Das »Maxie Eisen« sorgte dafür, dass Frankfurt plötzlich in der Liste der »52 places to go« der »New York Times«

auftauchte. Wegen der Pastrami. Mehrere Wochen wird die Ochsenbrust gepökelt, dann geräuchert, gegart, mariniert – bis sie so schmeckt, wie sie schmecken soll. Die Pastrami im »Maxie Eisen« ist hervorragend und steht der in New Yorker Delis um nichts nach – inklusive Krautsalat und Gurken. Doch wir wollen ja jetzt nach Tel Aviv ins »Bar Shuka«. »*Shuk*« heißt »Markt«, der Name des Restaurants ist also eine Hommage an den orientalischen Markt und ein erster Hinweis, dass es hier auch laut zugehen kann. Die Einrichtung ist ein bunter Mix aus vielen Stilen: tunesische Korblampen, indische Bodenfliesen, Barhocker aus Berlin. Die Arbeitsplatten in

der offenen Küche aus Zink und Kupfer wurden in Frankfurt gefertigt. An den Wänden steht in roter Neonschrift das Wort »Freunde«, einmal auf Hebräisch – »*chaverim*« – und einmal auf Arabisch – »*asdiqa*«. Es sieht alles auf gekonnte Art ein wenig unfertig aus, und das soll es auch: In Tel Aviv ist das Unfertige schließlich ein Dauerzustand. Für die Küche konnten die Ardinast-Brüder Yossi Elad gewinnen. Er hat ein Restaurant in Jerusalem, das »Machneyuda«, und in London das »Palomar«. Elad ist bekannt dafür, aus heiterem Himmel minutenlang wie wild auf seinen Töpfen zu trommeln oder kurz auf dem Tisch zu tanzen, um dann gut gelaunt weiter zu kochen. In einem Interview erklärte Elad, den alle nur »Papi« nennen, was die israelische Küche ausmacht, einmal so: »Ich sage immer, dass man für die israelische Küche zwei Dinge benötigt: einen israelischen Koch und Chuzpe.« Die israelische Küche ist geprägt von unterschiedlichen Einflüssen und Traditionen aus Palästina, dem Libanon, der Türkei, aus Ungarn, Syrien, Marokko und dem Irak. Die levantinische Küche, wie sie auch genannt wird, ist reich an Aromen und ohne starre Menüfolge. Man genießt und teilt. Auf der Speisekarte im »Bar Shuka« stehen Gerichte mit poetischen Titeln wie »Sabih yourself in one million ways« – knusprige Aubergine mit Mangopüree, Ei und Kartoffeln. Oder »The fish that swims in the red sea better known as Haime« – Buttermakrele, Paprika, Tomaten und Challabrot. »How was the Cauliflower?« ist ein israelisches Signature Dish: kurz blanchierter und anschließend angerösteter Blumenkohl. Im »Bar Shuka« gibt es dazu noch etwas Tomatensalsa und Mandeln. Unbedingt sollten Sie aber auch Hummus und Falafel bestellen. Alle Gerichte sind großzügig bemessen und zum Teilen gedacht. Wenn es später dann lauter wird – in einem Lokal, wo selbst der Koch auf dem Tisch tanzt, ist das schließlich kein Wunder –, machen Sie entweder mit, oder Sie ziehen sich noch auf einen Sake Cocktail zurück. Nur ein Vorhang nämlich trennt das wilde israelische »Bar Shuka« von der intimen japanischen »Shuka Bar«. Hier ist das Licht ein wenig schummrig, an den Wänden hängen Fotos von Nobuyoshi Araki, dem japanischen Fotografen, der vor allem durch seine Aktfotos bekannt wurde, und die Atmosphäre ist sehr viel diskreter als im »Bar Shuka«. Die Bar hält auch eine schöne Auswahl japanischer Whiskys bereit. Das japanische Wort für »Freunde« ist übrigens *yujin*.

32

Eine Frage der Haltung

SCHUHMACHEREI LENZ
MÜNCHENER STRASSE 36
60329 FRANKFURT
MO – FR 7.30–18.30 UHR, SA 9–13 UHR
TEL. 069 231 634
WWW.SCHUHMACHEREI-LENZ.DE

TIPP

YOK-YOK IST TÜRKISCH UND HEISST »GIBT'S NICHT GIBT'S NICHT«. IN NAZIM ALEMDARS KLEINEM KIOSK, DER NUR EIN PAAR SCHRITTE VON DER SCHUHMACHEREI ENTFERNT IST, GIBT ES CDS, GLÜHBIRNEN, TÜRKISCHE MUSIKINSTRUMENTE, STRUMPFHOSEN, FAHRRAD-FLICKSETS, KUNST UND VOR ALLEM: RUND DREIHUNDERT SORTEN BIER. DAS YOK-YOK IST KULT. MAN STEHT, WENN ES DAS WETTER ERLAUBT, EINFACH VOR DEM KIOSK AUF DER STRASSE, TRINKT SEIN BIER ODER HILFT ALEMDAR AUCH SCHON MAL DABEI, EIN PAAR PALETTEN WASSER IN DEN LADEN ZU SCHLEPPEN. INZWISCHEN BETREIBT NAZIM ALEMDAR EIN ZWEITES YOK-YOK IN DER FAHRGASSE. HIER VERANSTALTET ER REGELMÄSSIG AUSSTELLUNGEN UND KLEINE KONZERTE.

YOK-YOK CITY KIOSK
MÜNCHENER STRASSE 32
60329 FRANKFURT
SO – DO 11–01 UHR
FR – SA 11–03 UHR

YOK-YOK KIOSKUNST
FAHRGASSE 21
60311 FRANKFURT
MO – FR, SO 13–22 UHR
SA 13–23.30 UHR

Wenn Alexander Dohn wie neulich in Hamburg auf einem Flohmarkt ein Paar rahmengenähte Schuhe aus Pferdeleder von Alden sieht, getragen und ziemlich runtergerockt, kann er nicht widerstehen. »Mit ein paar Handgriffen sind die wieder wie neu. So etwas kann ich einfach nicht stehenlassen.« Alexander Dohn ist Schuhmacher aus Leidenschaft. Gemeinsam mit seinem Vater Jürgen Dohn und drei Gesellen arbeitet er in der ältesten Schuhmacherei in Frankfurt. Jürgen Dohn hat viele Jahre bei Walter Lenz gearbeitet, bevor er das Geschäft 2011 von ihm übernahm. Es riecht nach Leder, Leim und Gummi, wenn man den Laden betritt. Und es ist laut.

Hier werden nicht nur Schuhe gefertigt, sondern auch repariert, mit neuen Sohlen oder Absätzen versehen. In den 1950er Jahren glich die Schuhmacherei in der Münchener Straße einer kleinen Fabrik. Es wurden noch sehr viel mehr Schuhe von Hand gefertigt, die Schuhmacherei hatte bis zu sechzig Angestellte, die nicht nur im Laden, sondern auch im Hinterhaus und in der ersten Etage arbeiteten. Vorne im Laden steht noch die alte Nähmaschine, eine »Patent-Elastic«, schwarz mit goldenen Sternen verziert, und die Schuhe werden heute mit gleicher Sorgfalt und gleicher Qualität hergestellt wie zu den Zeiten von Walter Lenz. »Ein handgefertigter Schuh erzeugt Haltung«, erklärt Schuhmachermeister Jürgen Dohn, während er über einen der unzähligen Leisten aus Rotbuche streicht, die überall im Geschäft hängen.

Es dauert rund drei Monate, bis aus ein paar Stücken Leder ein Maßschuh wird. Zunächst wird der Fuß des Kunden vermessen, dann wird der Leisten erstellt. Eine Anprobe mit Probeschuh zeigt, wo der Leisten vielleicht nachgebessert oder angepasst werden muss. »So ein Schuh«, weiß Alexander Dohn, »hält dann mindestens zwanzig Jahre, bei guter Pflege sogar länger.« Den eigenen Vorstellungen, was Farbe, Stil und Leder angeht, sind dabei fast keine Grenzen gesetzt: Die Dohns fertigen Schuhe aus Rinds- und Kalbsleder, Chevreau- oder Cordovanleder, Wasserbüffel, aber auf Wunsch auch Straußenbein-, Haifisch-, Elefanten- und Rochenleder. Wobei sie streng auf Zertifizierung und artgerechte Haltung achten. »Einmal wollte eine Kundin einen Pumps aus kariertem Kiltstoff für ihre Hochzeit«, erzählt Dohn. Der Bräutigam heiratete im Schottenrock und die Schuhe der Braut sollten dazu passen.

Als ich die Schuhmacherei verlasse, muss ich an mein erstes Paar rahmengenähter Schuhe aus braunem Wildleder mit seitlicher Schließe denken, die ich mir vor über zwanzig Jahren aus Wien mitbrachte. Noch heute trage ich meine »Monks« bei besonders wichtigen Telefonaten, die ich im Stehen führe. Ich habe jedes Mal das Gefühl, dass das meinen Argumenten mehr Nachdruck verleiht.

33

Kochen ist Kunst

FREITAGSKÜCHE

MAINZER LANDSTRASSE 105, HINTERHOF

60329 FRANKFURT

MITTAGSTISCH

MO - DO 12-15 UHR, FR 12-14 UHR

FREITAGSKÜCHE

FR AB 19 UHR, KEINE RESERVIERUNG

TEL. 069 847 70 854

FREITAGSKUECHE.DE

Ich hatte gerade mein erstes Buch geschrieben – die Biografie eines Musikers – und kurz vor der Buchmesse vom Verlag erfahren, dass man es erst einmal nicht veröffentlichen könne, da die Frau des Musikers Einwände habe und man sich vor einer Klage fürchte. So viele Konjunktive, so schlechte Aussichten für anderthalb Jahre intensive Arbeit. Ich war am Boden zerstört. Als ich kurz darauf von einer befreundeten Künstlerin gefragt wurde, ob ich vielleicht Lust hätte, in der »Freitagsküche« zu kochen, sagte ich sofort zu und war sicher, dass dies der Anfang eines neuen Zeitabschnitts in meinem Leben werden würde. Ich meinte es ernst. Ich ging zu »Scham-

bach« – dem Geschäft für Berufsbekleidung auf der Zeil, das es leider nicht mehr gibt – und kaufte mir erst einmal eine professionelle Schürze. Dann prüfte ich die Schärfe meiner Messer und studierte Rezepte. Ich sollte also kochen. Für etwa hundert Gäste. Ich würde in Zukunft nur noch kochen und die Schreiberei an den Nagel hängen.

Die »Freitagsküche« war erst kurz zuvor umgezogen und startete zur Buchmesse mit diversen Veranstaltungen und einem Essen am Freitagabend, dem bereits ein gewisser Ruf vorauseilte. Ich hatte noch nie für so viele Gäste gekocht und rechnete: Mein Rezept war für vier Personen. Für hundert Gäste müsste ich also

alles mal 25 nehmen. Das bedeutete zum Beispiel: 37,5 Zwiebeln. Zu fünft schnippelten wir und alles hörte auf mein Kommando: »Sind die Zwiebeln so fein genug?« »Das Basilikum in feine Streifen oder gehackt?« Es sollte ein Risotto mit Erbsen, Minze, Basilikum und Garnelen geben. Das passte nicht ganz ins Konzept der »Freitagsküche« – regional und saisonal –, wurde aber trotzdem genehmigt. Wir arbeiteten den gewaltigen Berg Zwiebeln ab, zerkleinerten die Kräuter und bereiteten die Erbsen und Garnelen vor. Als ich das Öl in den ersten der beiden riesigen Kochtöpfe gab, merkte ich, dass wir viel zu viele Zwiebeln gehackt hatten. Die Sache mit »alles mal 25 nehmen« stimmte irgendwie nicht. Ich beschloss, das Ganze nach Gefühl und nicht nach Rezept zu kochen. Und um es kurz zu machen: Das Risotto gelang, die Gäste waren zufrieden, aber ich habe dann doch nicht den Beruf gewechselt.

Die »Freitagsküche« wurde 2004 in einem leerstehenden Haus in der Oskar-von-Miller-Straße von Künstlerinnen und Künstlern initiiert – gedacht als ein Ort des Austauschs und der Kommunikation, an dem Künstler einmal pro Woche für Besucher kochten. Seitdem der österreichische Künstler und Experimentalfilmer Peter Kubelka Ende der 1970er Jahre als Professor an der Städelschule neben dem Film auch Kochen als Studienfach einführte, gibt es in Frankfurt eine besondere Verbindung von Küche, Kunst und Kultur.

Inzwischen befindet sich die »Freitagsküche« in einem Hinterhof in der Mainzer Landstraße zwischen Thai Imbiss und African Bazaar unweit des Hauptbahnhofs. Im Hof steht meterhoher Bambus, und im Sommer kann man auch draußen sitzen. Der Innenraum ist schlicht und hat industriellen Charme: schwarze Lampen, schwarze Stühle, weiße Wände und Tischdecken. Unter der Woche bietet ein festes Team von Köchen hier einen Mittagstisch an, der unbedingt zu empfehlen ist. Die Gerichte sind fein, oft ungewöhnlich kombiniert wie etwa gegrillte Möhren mit Karottencreme, Holunder und gepufftem Buchweizen. Man bestellt und bezahlt am Tresen und holt das Essen samt Besteck nach einer Weile an der Küche ab. Was es gibt, erfährt man am einfachsten über die Website. An den Freitagen kochen dann abends in bewährter Tradition Künstlerinnen und Künstler für neugierige Gäste. Marcel Walldorf etwa hatte die Idee, Nilgänse und Sumpfbiber zu servieren – als eine Möglichkeit, sich dieser Tiere, die in der Stadt inzwischen zur Plage geworden sind, da sie einheimische Arten verdrängen, auf sinnvolle Weise zu entledigen. An vielen Abenden aber geht es auch weniger experimentell – und durchaus auch häufig vegetarisch – im Hinterhof in der Mainzer Landstraße zu.

34

Schwarz-weiß
wie Schnee

ST. TROPEZ BAR
MOSELSTRASSE 15
60329 FRANKFURT
GEÖFFNET AN SPIELTAGEN DER EINTRACHT
FRANKFURT UND BEI VERANSTALTUNGEN
(AKTUELLE INFOS AUF FACEBOOK)
TEL. 069 242 77 581
WWW.ST-TROPEZ-BAR.DE

Seit ich laufen kann, kann ich auch Fußball spielen. Also: dribbeln, schießen, flanken und auch ein bisschen köpfen. Ich bin das einzige Kind eines fußballbegeisterten Vaters, da bleibt das nicht aus. Und natürlich bin ich Fan von Eintracht Frankfurt. Schon in der Grundschule nahm mich mein Vater mit ins Stadion. Es war die legendäre Zeit mit Jürgen Grabowski, der heute in Fangesängen ausgiebig gewürdigt wird, Karl-Heinz Körbel, Gert Trinklein, Bernd Hölzenbein und einem Zahnarzt im Tor: Dr. Peter Kunter. Später dann kickte ich als eines von drei Mädchen auf dem Schulhof mit – wir spielten mit Tennisbällen –, ich führte sogar mal ganz kurz die Torjäger-

gerne ins Waldstadion – das in Frankfurt keiner anders nennt – und singe bis zur Heiserkeit mit. Seit gut zwanzig Jahren trifft sich eine kleine Zahl eingeweihter Fans an den Spieltagen der Eintracht in der »St. Tropez Bar« im Bahnhofsviertel. In der ersten Etage, wo sich früher ein Casino befand, das zu einer Striptease-Bar im Erdgeschoss gehörte, wird vorgeglüht, live geschaut und nachgefeiert. Die dunkelrote, elegant gemusterte Tapete ist wie Tresen und Barhocker schon ein wenig in die Jahre gekommen und eine Reverenz an die Tapete des Casinos, die von einem Vormieter einfach entfernt wurde. An den Wänden hängen Jagdtrophäen: Ein Hirsch, ein Wildschwein und ein Adler beäugen das Geschehen.

liste an und beschloss kurz vor dem ersten Kuss, dass ich fortan doch lieber Zuschauerin sein wollte. Dann kam die Zeit des Schalstrickens in Vereinsfarben. Manchmal war der Schal noch nicht fertig, da war man schon nicht mehr mit dem Auserwählten zusammen, was aber nicht ganz so schlimm war, denn wir waren alle Eintracht-Fans und die Vereinsfarben ändern sich ja nicht. Schwarz, Weiß, Rot: Das sind unsere Farben. Und es heißt tatsächlich: »Schwarz-weiß wie Schnee, das ist die SGE«. Aus bis heute nicht geklärten Gründen. Gerne wird behauptet, es hieße: »wie schee«, also hochdeutsch: »wie schön«. Das wäre vielleicht logischer. Aber echte Fans singen »Schnee«. Ich gehe noch immer

Wenn an einem Samstag ein Heimspiel ansteht, kommen vor allem die Frankfurt-Fans von außerhalb bereits am Vormittag, machen sich dann von hier aus gemeinsam auf ins Stadion und kehren meist mit angeschlagener Stimme und oft mit leichter Schräglage wieder zurück, um noch ein bisschen zu fachsimpeln. Bei Apfelwein und Bier werden die Flanken und vermeintlichen Elfmeter besprochen, die Fouls bewertet und die vergebenen Chancen beklagt. Im Winter spendiert Barbesitzer

Andreas Backer seinen Gästen auch schon mal eine wärmende Gulaschsuppe, im Sommer wird gelegentlich auf dem kleinen Balkon zum Hinterhof gegrillt. Wenn keine Spiele sind, legt manchmal ein DJ auf, es gab auch schon Lesungen in der »St. Tropez Bar« oder sie wird als Eventlocation vermietet. Unter den Stammgästen sind auch zahlreiche Anwälte, die gerne ihre Geburtstage hier feiern. Und wenn sich HSV- oder Bayern-Fans in die Bar verirren?

»Kein Problem«, sagt Andreas Backer. »Bei den HSV-Fans müssen wir nur dran denken, vorher ein, zwei Flaschen Korn zu besorgen.« Die »St. Tropez Bar« ist ein friedlicher Ort, an dem wirklich alle willkommen sind – sogar die Fans der Offenbacher Kickers oder Hamburger Zweitligisten. Sie würde auch Chastity Riley, der Staatsanwältin und glühenden St.-Pauli-Anhängerin aus den Krimis von Simone Buchholz, gefallen.

Kochen für Freunde mit Freunden

CLUB MICHEL
MÜNCHENER STRASSE 12
60329 FRANKFURT
DO – SA 19–02 UHR (DIE AKTUELLEN
ÖFFNUNGSZEITEN ERFÄHRT MAN AM BESTEN
PER NEWSLETTER ODER AUF FACEBOOK)
TEL. 069 210 28 881
CLUBMICHEL.DE

Der Hinterhof in der Münchener Straße zwischen »Nice Gift«, einem Geschenkeladen, und »Burak«, einer Handels- und Vertriebsgesellschaft, ist eher trist. Das Schild zum Club ist ebenso unscheinbar wie das der Im- und Exportfirmen, die hier ihre Büros haben. Wenn nicht gerade Sommer ist und auch ein paar Tische im Hof eingedeckt sind, geht's in der Toreinfahrt gleich links die Treppe hoch. Willkommen im »Club Michel«, einer weiteren Idee von DJ Ata Macias, dem die Stadt schon so manchen spannenden Ort zu verdanken hat. Der »Club Michel« ist ein eingetragener Verein, dessen Zweck »die Bekanntmachung und Verbreitung kulinarischer

Kulturgebräuche und die Verfeinerung, Pflege, Schulung und Förderung der Geschmackssensorik ist«. So weit die etwas sperrige Satzung. Um das aktuelle Menü zu erfahren, muss man den Newsletter abonnieren, über den man auch reservieren kann. An regulären Tagen gibt es meist regional und saisonal inspirierte Gerichte aus stets frischen Zutaten, etwa geschmorter Fenchel mit Orangenfilets, Rosinen und gebrannten Mandeln oder Puy-Linsen mit kaltgeräucherter Entenbrust, Gurke, Dill und Walnuss, aber auch italienische Pasta oder Frankfurter Grüne Soße – und dazu gute Weine. Man sitzt an langen Holztischen, die Atmosphäre ist unkompliziert und der Service ausgesprochen freundlich. Die offene Küche gleicht einer Werkstatt: Hier arbeitet ein eingespieltes Küchenteam von der Zubereitung bis zum Anrichten mit großem Ernst und ebenso viel Spaß. Das Motto des »Club Michel« lautet: »Kochen für Freunde mit Freunden«. Immer wieder werden auch Köche eingeladen, die ihre Gerichte an zwei bis drei Abenden vorstellen wie etwa Shuji Ozeki, der in der ersten Etage in der Münchener Straße traditionelle japanische Soba-Nudeln hergestellt hat. Oder Ernesto Hanspach aus Lima, der die Frankfurter Gäste mit köstlichem peruanischen Ceviche verwöhnte.

Coole Jungs und coole Drinks

Die Elbestraße ist noch so, wie früher das gesamte Bahnhofsviertel war: rau und ungeschminkt. Drogen, Prostitution und Kriminalität sind hier sichtbarer als auf benachbarten Straßen wie etwa der Kaiserstraße oder der Münchener Straße, wo sich inzwischen eine ganze Reihe angesagter Lokale befinden. Wenn Sie sich davon nicht abschrecken lassen, finden Sie im Haus Nummer 34 die vielleicht besten Cocktails der Stadt. Es gibt kein Schild, nur eine Klingel und den Hinweis »cash only«. Sobald die Tür geöffnet wird, tauchen Sie ab in eine andere Welt. Die Treppe führt in ein kleines, schummriges Kellergewölbe. Handyempfang? Verges-

THE KINLY BAR
ELBESTRASSE 34
60329 FRANKFURT
MO - DO 20-03 UHR, FR - SA 20-03 UHR
TEL. 069 271 07 670
WWW.KINLYBAR.COM

sen Sie's. Die Räume sind dunkelgrün, ausgestopfte Tiere an der Wand, ein paar Schwarzweißfotos, deren Auswahl nicht unbedingt ein Konzept erkennen lässt, irgendwo hängt auch ein Zylinder. Alles wirkt ein bisschen zufällig – dazu Holzmobiliar. Die Bar ist gemütlich, fast ein wenig rustikal, weder hip noch stylish. Hier geht es nicht ums Sehen und Gesehenwerden – hier geht's ums Trinken und Genießen. Auf der Karte stehen nur ganz wenige Cocktails, deren Namen und Zutaten ungeübte Barbesucher eher verwirren können. Einen Moscow Mule oder einen Gin Tonic werden Sie auf der Karte der mehrfach preisgekrönten Bar, die erst kürzlich vom Magazin »Mi-

xology« zur Bar des Jahres 2020 gewählt wurde, vergeblich suchen, wenngleich Sie beides natürlich auch bestellen können. Aber es wäre schade, denn dann bringen Sie sich um ganz außergewöhnliche Geschmackserlebnisse. Am meisten Spaß macht es, eine ungefähre Vorstellung zu äußern. Zum Beispiel so: »Ich mag es würzig, nicht zu süß, es darf auch etwas ausgefallener sein.« Dann kommt ein Drink »*omakase*« – so nennen sie es nach der alten japanischen Küchentradition. »Omakase« heißt so viel wie »Ich überlasse es Ihnen«. Vielleicht wird Ihnen ein »Flamboyant Redhead Punch« serviert, für den unter anderem Gin mit Salbei und Estragon im Sous-Vide-Bad infusioniert wird. Er schmeckt wunderbar. Zunächst ein wenig nach Lakritz, aber sobald man weiß, dass Estragon im Spiel ist, wandelt sich das Geschmacksempfinden. Es sind experimentelle Drinks, aber sie sind nicht überdreht, sondern extrem auf den Punkt. Und wenn man die Jungs hinter dem Tresen für einen Moment beobachtet, wird klar: Hier sind Besessene am Werk – mit Genauigkeit, Akribie und Lust am Experiment. Die Bar ist ihnen dafür Laboratorium, Manufaktur und Küche in einem. Es wird flambiert, püriert, eingelegt, destilliert, fermentiert und klarifiziert. Wenn Sie dann irgendwann wieder nach oben steigen, hinaus in die Wirklichkeit, wo auch das Handy wieder funktioniert, kann es sein, dass es schon langsam wieder hell wird. Sie werden nämlich in der »Kinly Bar« einfach die Zeit vergessen.

Sachsenhausen, Oberrad und Niederrad

37

Woanders nennt man es Kiez

BRÜCKENVIERTEL
APFELWEINHANDLUNG JB
BRÜCKENSTRASSE 21
60594 FRANKFURT
DI – FR 12–20 UHR, SA 11–16 UHR

DIE WENDELTREPPE
BRÜCKENSTRASSE 34
60594 FRANKFURT
MO – FR 10–19 UHR, SA 10–16 UHR

LARS EISINGER, MODE & ACCESSOIRES
WALLSTRASSE 7
60594 FRANKFURT
MO – SA 11–21 UHR

LOBSTER WEINBISTROT
WALLSTRASSE 21
60594 FRANKFURT
MO – SA 18–01 UHR

Würde Frankfurts Oberbürgermeister aus irgendeinem Grund beschließen, die Brücken nach Sachsenhausen zu sperren, und Sie wären zufällig gerade im Brückenviertel, könnte Ihnen diese Entscheidung nicht viel anhaben. Die Versorgung mit allem Notwendigen wäre gewährleistet – und das auf engstem Raum. Es gibt hier einen Bäcker – die Bäckerei Hanns zählt sogar zu den besten der Stadt. Es gibt einen Metzger, eine Sake-Bar und ein portugiesisches Lebensmittelgeschäft. Es gibt zwei Apfelweinlokale – das »Fichtekränzi« und die »Atschel« –, die beide guten Schoppen, gutes Essen und einen schönen Garten haben. Wenn Ihnen im Abts-

gässchen oder in der Wallstraße ein Mann in weißer Jacke über den Weg läuft: Das ist der Brezelbub, der mit einem großen Weidenkorb voller Gebäck seine Runden durch die Apfelweinlokale dreht. Traditionell hat er Brezeln, Haddekuche – eine Art Pfefferkuchen mit Rautenmuster, der leicht süßlich schmeckt –, Kokosmakronen, Kümmel-Salz-Weck und Schinken-Käse-Stangen dabei. Er heißt zwar »Bub«, das ist aber keinerlei Hinweis auf sein Alter. Ein Brezelbub kann auch vierzig Jahre oder älter sein. Es gibt im Viertel außerdem zwei ausgezeichnete französische Bistros, das »Lobster« und das »Coq au Vin«, sowie ein gutes Ceviche-Lokal und das beste japanische Restaurant der Stadt. Im »Nihonryori Ken« gibt es Kaiseki – eine Zubereitungsart, bei der nur saisonale Zutaten höchster Qualität zu kleinen Meisterwerken verarbeitet werden. Es gibt mit der »Wendeltreppe« eine auf Krimis spezialisierte Buchhandlung, die regelmäßig Lesungen veranstaltet. In der Wallstraße finden Sie übrigens auch einen Waschsalon, falls es also länger dauern sollte, bis der Oberbürgermeister seine Entscheidung revidiert: Sie wären gewappnet. Es gibt einen Friseur, ein Blumengeschäft, eine Eisdiele, ein Tattoostudio, Cafés, einen Whiskyladen, mehrere Boutiquen – darunter Lars Eisinger, der eine schöne Auswahl an Poloshirts, Hemden und Pullovern führt –, das »L'Atelier des Tartes« mit vorzüglichen Quiches und sogar ein Theater – das »Theater Alte Brücke«, das von sich behauptet, das kleinste Off-Broadway-Theater der Welt zu sein. Und es gibt Jens Becker, der sich der Apfelweinkultur verschrieben hat, sehr viel über Sorten und Herstellung weiß, und der in der Apfelweinhandlung JB in einer ehemaligen Apotheke sortenreine Apfelweine und unter anderem auch wunderschöne Bembel ohne traditionelle blaue Verzierung anbietet. (Die traditionellen Bembel mit Verzierung gibt es ebenfalls im Brückenviertel: in der Töpferei Maurer in der Wallstraße.) Jens Becker betreibt einen Laden, kein Lokal, was man gelegentlich vergessen könnte, da sich in dem geschmackvoll eingerichteten Raum am großen Tisch oder im engen Eingang spätnachmittags immer wieder Menschen einfinden, um bei einem Glas Apfelwein über die Lesung in der AusstellungsHalle oder die neue Verkehrsführung am Main zu sinnieren. Der Schriftsteller Andreas Maier, selbst ein leidenschaftlicher Apfelweintrinker, besucht Jens Becker regelmäßig. Auch der Künstler Gerald Domenig oder der Verleger der Frankfurter Verlagsanstalt, Joachim Unseld, schauen gern bei Becker vorbei. Wenn es dann zu dämmern beginnt und die Restaurants in der Wallstraße ihre Tische auf die Straße stellen und eindecken, Lars Eisinger mit seinem schweren schwarzen Bäckerrad grüßend vorbeiradelt, wünscht man sich fast, der Oberbürgermeister möge seine Entscheidung so schnell *nicht* revidieren.

Winterlandschaft bei Antwerpen

STÄDEL MUSEUM
SCHAUMAINKAI 63
60596 FRANKFURT
DI – MI, SA – SO 10–18 UHR
DO – FR 10–21 UHR
TEL. 069 605 098-200
WWW.STAEDELMUSEUM.DE

Das Städel Museum war während meiner Schulzeit ein Pflichttermin – genau wie der Palmengarten, der Flughafen und das Senckenberg Museum. Ehrfürchtig warteten wir vor dem prächtigen alten Gebäude auf die Anweisungen der Lehrerin. Ich kann mich nicht mehr erinnern, ob wir eine Führung hatten oder ob wir mit unserer engagierten Kunstlehrerin alleine durch die Räume streiften – die damals noch nicht so schöne farbige Wände hatten wie heute. Dann sah ich dieses eine Bild und vergaß alles um mich herum: »Winterlandschaft bei Antwerpen mit Schneefall« von dem flämischen Maler Lucas van Valckenborch aus dem Jahre 1575. Zu sehen ist eine win-

terliche Szene auf einem zugefrorenen Fluss. Wie bereits der Titel verrät, schneit es. Ein paar Jungs spielen Eishockey, eine Familie mit Hund geht spazieren, ein Junge zieht seine Schwester – ich bin sicher, dass es seine Schwester ist – auf einem Schlitten hinter sich her. Im Vordergrund schleppt jemand Holz und Reisig, ein paar Leute wärmen sich an einem Feuer. Weiter hinten schlägt jemand ein Loch ins Eis und noch weiter hinten brennt das Dach eines Hauses. Und es gab noch so vieles mehr zu entdecken. Wohin deutet der Mann in roter Jacke und Hose? Prügeln sich da zwei oder ist einer auf dem Eis gestürzt und der andere hilft ihm wieder auf? Das Bild war ein Universum, in das ich vollständig eintauchte. Kein Vermeer, kein Cranach, kein Rembrandt oder Botticelli und nicht einmal Goethe mit den zwei linken Füßen konnten mich danach noch begeistern. Als wir das Museum verließen, begann es tatsächlich zu schneien. Auch heute statte ich »meinem« Bild gelegentlich einen Besuch ab und sehe nach, ob der Junge seine Schwester noch immer übers Eis zieht.

Das Städel Museum, das außer dem Bild von van Valckenborch noch einige tausend Kunstwerke aus sieben Jahrhunderten besitzt, ist wie eine Reihe andere Frankfurter Institutionen ein schöner Beleg für das engagierte Bürgertum der Stadt. 1815 als bürgerliche Stiftung von dem Bankier und Kaufmann Johann Friedrich Städel begründet, gilt es heute als älteste und renommierteste Museumsstiftung in Deutschland. Einen wesentlichen Anteil daran, dass sich das Museum ganz im Sinne seines Gründers stetig weiterentwickelte, hatte Direktor Max Hollein. Hollein kam als Direktor der Schirn Kunsthalle nach Frankfurt und war seit 2006 auch Direktor des Städel Museums und des Liebieghauses. Er führte neue Ausstellungsformate ein und initiierte zahlreiche Vermittlungsformate wie etwa den kostenlosen Onlinekurs zur Kunstgeschichte. Außerdem sorgte er für die bauliche Erweiterung des Städel Museums, für die er mit einer gelungenen Gummistiefelaktion viele Spenden einsammelte. So entstanden 3000 Quadratmeter mehr Ausstellungsfläche. Das Besondere an diesem Anbau ist, dass er nicht oberirdisch realisiert wurde, sondern unter dem Städel-Garten liegt. Kreisrunde Oberlichter versorgen die Halle mit natürlichem Licht und zeigen sich als ungewöhnliches Muster auf der Wiese vor dem Gebäude.

Auch die Buchhandlung im Städel ist unbedingt einen Besuch wert. Während die meisten Museumsshops inzwischen von ein und demselben Pächter betrieben werden, was dazu führt, dass man in der Serpentine Gallery in London, dem Lenbachhaus in München oder im Palais de Tokyo in Paris dieselbe Auswahl an Büchern findet, beschloss man im Städel nach der großen Renovierung und der Eröffnung des Neubaus 2012, die Buchhandlung selbst zu betreiben. Und das ist wunderbar. Das Team um Sabine Kuhl hat ein feines Gespür für thematische Zusammenhänge, die sich erst beim zweiten oder dritten Nachdenken erschließen. So kann es passieren, dass man eigentlich gar nichts sucht und am Ende mit einer Handvoll Anekdoten von Hans Magnus Enzensberger, dem wunderschönen »Th rose prblm« von Roni Horn und einem schmalen Bändchen von Byung-Chul Han über die Kunst des Verweilens nach Hause geht.

U 1–3, 8 SCHWEIZER PLATZ, TRAM 15, 16, 19 SCHWANTHALERSTRASSE

Ein anderer Blick auf die Welt

GOLDSTEIN GALERIE
SCHWEIZER STRASSE 84
60596 FRANKFURT
WÄHREND DER AUSSTELLUNGEN
MI – SA 12–18 UHR
TEL. 069 201 72 023
WWW.ATELIER-GOLDSTEIN.DE

TIPP

DIREKT GEGENÜBER DER GALERIE BEFINDEN SICH ZWEI TRADITIONSREICHE APFELWEIN-LOKALE: »APFELWEIN WAGNER« UND DAS »GEMALTE HAUS«. IM »GEMALTEN HAUS« GIBT ES NEBEN SELBSTGEKELTERTEM APFELWEIN EINE GUTE BODENSTÄNDIGE KÜCHE. BESONDERS EMPFEHLENSWERT IST HIER AUCH DER MITTAGSTISCH MIT WECHSELNDEN GERICHTEN.

ZUM GEMALTEN HAUS
SCHWEIZER STRASSE 67
60594 FRANKFURT
TEL. 069 614 559
DI – SO 10–00 UHR

Der Kreis ist rund
die Ellipse ist oval
der Kreis ist kugelrund
der Mensch ist jovial.

Als ich vor vielen Jahren dieses kleine Gedicht von Ernst Herbeck entdeckte, war ich sofort begeistert. Es stellt einen absurden Zusammenhang zwischen geometrischer Form und Charakter her, die so verblüffend und charmant ist, dass ich jedes Mal lachen muss, wenn ich die Zeilen lese. Ich recherchierte, fand noch

mehr ganz wunderbare Gedichte dieses Mannes, der sie viele Jahre unter dem Pseudonym »Alexander« in der niederösterreichischen Nervenheilanstalt Gugging verfasste. Dort war bis Mitte der 1980er Jahre Leo Navratil als Psychiater tätig und ermutigte viele der Patientinnen und Patienten dazu, sich künstlerisch zu betätigen. Ich entdeckte noch mehr Künstler aus Gugging wie etwa August Walla, Oswald Tschirtner oder Erich Zittra und war beeindruckt: Das war ein ganz anderer Blick auf die Welt – teilweise naiv, zum Teil auch einfach schräg und immer sehr inspirierend, erhellend, augenöffnend. Ich begann mich ganz allgemein für die Kunst und die Texte von Menschen mit geistiger Beeinträchtigung zu interessieren. So lernte ich beispielsweise die Heidelberger Prinzhorn-Sammlung kennen, stieß auf die Band »Station 17« aus Hamburg – grandiose Texte auch hier – und abonnierte vor ein paar Jahren das Magazin »Ohrenkuss«, das von Menschen mit Down-Syndrom verfasst wird. Über einen befreundeten Künstler hörte ich vom Atelier Goldstein, das inzwischen vom namensgebenden Frankfurter Stadtteil in eine ehemalige Fabrik im Mittleren Hasenpfad gezogen war. Im Jahr 2001 als Atelier für außerordentlich begabte behinderte Künstlerinnen und Künstler von der Frankfurter Lebenshilfe e. V. gegründet, bietet es gegenwärtig 17 Künstlerinnen und Künstlern aus den Bereichen Malerei, Plastik, Grafik, Fotografie, Film und Design die Möglichkeit, ihre Projekte unter professionellen Arbeitsbedingungen durchzuführen. Seit einigen Jahren betreibt das Atelier auch eine Galerie: die Goldstein Galerie in einem ehemaligen Delikatessengeschäft auf der Schweizer Straße. Als die Galerie die Räume bezog, entdeckte man unter dem Putz wunderschöne Wandmalereien – Fische, Palmen, ein Fischerboot – und legte sie frei. Die erste Ausstellung bestritt der Künstler Selbermann aus dem Atelier Goldstein: Selbermann, der eigentlich Georg Vaternahm heißt, fotografiert vornehmlich Frauen und Türme, um sie anschließend mit starkem Strich und kräftigen Farben zu malen. Ein weiterer Künstler der Galerie ist Hans-Jörg Georgi. Seine magisch mysteriösen Flugzeuge aus Pappe werden inzwischen auch im klassischen Kulturbetrieb ausgestellt. Georgi arbeitete früher in den Praunheimer Werkstätten, wo Menschen mit Behinderung einer ihnen angemessenen Tätigkeit nachgehen können. Dort entdeckte die engagierte Leiterin des Atelier Goldstein und der Galerie, Christiane Cuticchio, seine Arbeiten und war sofort begeistert von der künsterlischen Qualität dieser Objekte. Denn das ist es alleine, was zählt. Es geht in der Goldstein Galerie nicht darum, »Behindertenkunst« zu zeigen, sondern einem anderen Blick auf die Welt einen Raum zu geben. Darum treffen die Künstlerinnen und Künstler aus dem Atelier Goldstein in der Galerie immer auch auf Kolleginnen und Kollegen des klassischen Kulturbetriebs wie etwa auf Ernst Stark. Der in Paris lebende Bildhauer präsentierte hier 2016 seine poetischen Holzskulpturen.

Für Ideen, Gedanken und Geistesblitze

NUUNA
BRÜCKENSTRASSE 66
60594 FRANKFURT
DO - SA 11-19 UHR
TEL. 069 408 090 160
WWW.NUUNA.COM

Notizbücher sind etwas Wunderbares. Seit ich schreiben kann, suche ich auf jeder Reise Schreibwarengeschäfte auf, um mich mit landestypischen Heften einzudecken. Es gibt die französischen, mit der ungewöhnlichen Lineatur, der »réglure Seyès«, die spanischen mit dem dicken, marmorierten Einband und natürlich die legendären amerikanischen »Marble Composition«-Hefte, die noch mit dem Hinweis »sewn pages« und einem Pfeil in Richtung Bindung versehen sind. Was ich darin notiere? Nun, alles, was wichtig ist. Ich führte beispielsweise eine Weile ein Reisetagebuch, ich halte besonders gute Weine in einem anderen Notizbuch fest (obwohl ich

leuchtet. Man kann beim Notizbuch auch die Spuren der Überarbeitung nicht unsichtbar machen. Ich gebe zu: Wenn ich mit meinem Schriftbild auf der allerersten Seite nicht glücklich bin, reiße ich sie heraus, um das Buch ästhetisch zu retten. Aber danach mache ich es wie die Japaner in Roland Barthes' fiktivem »Reich der Zeichen«: Was korrigiert wird, verschwindet nicht, sondern bleibt sichtbar.

Zum Glück aller Schreibenden gibt es in Frankfurt das »Nuuna«: einen kleinen Laden, der die vielleicht schönsten Notizbücher der Welt führt. Die Bücher werden aus schwedischem Feinstpapier hergestellt, fadengeheftet und eingebunden in Smooth Bonded Leather oder Jeans Label Material – das wirkt wie Leder, ist aber sehr strapazierfähiges Papier. Sie lassen sich auf jeder Seite nahezu flach öffnen und liegen plan, was beim Schreiben sehr angenehm ist. Als Linkshänder achte ich besonders auf solche Dinge, da ich den Stift etwas anders halte und bei gewöhnlichen Notizbüchern oft auf der linken und nachdem die Mitte überschritten ist, auf der rechten Seite scheitere.

Die Cover werden im Siebdruckverfahren bedruckt. Mal sind sie mit einem programmatischen Satz versehen wie »*The Master*

dafür auch eine App nutze), ich notiere Gedanken, Skizzen und Ideen für Essays und Texte, ich habe eine Weile japanische Vokabeln fein säuberlich in Hiragana und Katakana notiert – in ein eigens dafür ausgesuchtes Notizbüchlein. Ich habe – allerdings höchstens drei Wochen lang – meine Träume aufgeschrieben. In einem anderen Notizbuch schlummern Filmideen.

Ich finde Notizbücher auch gar nicht altmodisch. Sie sind nicht das Gegenteil von digital, sondern einfach anders: Sie bekommen zum Beispiel Gebrauchsspuren – die ersten tun, wie bei allen Dingen, die man mag, noch weh, aber dann wird es besser –, während eine Seite am Bildschirm immer gleich frisch

Plan«, »Everything starts from a dot« oder schlicht »Been there done that«, mal haben sie betörende schwarzweiße Muster, einen farbigen Schnitt oder einen metallischen Glanz. Es gibt sie in unterschiedlichen Formaten und das Innenleben der Notizbücher ist meist mit einem angenehmen Punkteraster versehen – mehr als blanko, aber weniger als Karo. Der Name des Ladens ist übrigens eine Hommage an die letzte Geliebte von Kurt Tucholsky, die Schweizer Ärztin Hedwig Müller, die er »Nuuna« nannte.

41

Goethes aller-
schönste Zeit

WILLEMER HÄUSCHEN
HÜHNERWEG 74
60599 FRANKFURT
SO 11–16 UHR
OSTERSONNTAG BIS MITTE OKTOBER
TEL. 069 212 33 952

Goethe habe ich mir immer als großen Mann vorgestellt. Dies liegt vermutlich an seinem literarischen Gewicht und an den Anekdoten, die man sich von ihm erzählt. Schließlich soll er täglich drei Flaschen Wein getrunken und viel gegessen haben, und auch jede Menge Frauengeschichten werden berichtet. Entsprechend stattlich und imposant erschien er in meiner Fantasie. Vielleicht hat auch das Denkmal auf dem Goetheplatz dazu beigetragen: der Dichterfürst als überlebensgroße Figur mit Lorbeerkranz und Schriftrolle. Dann aber kam ich zum ersten Mal am Willemer Häuschen auf dem Mühlberg vorbei, von wo aus man zu Goethes Zeiten einen

herrlichen Blick über die Stadt und den Taunus gehabt haben muss. Das im klassizistischen Stil errichtete achteckige, schindelgedeckte Häuschen hatte der Bankier Johann Jakob von Willemer – ein Freund Goethes – Anfang des 19. Jahrhunderts als Gartenhaus erworben. Der Mühlberg war zu dieser Zeit ein beliebtes Ausflugsziel der Frankfurter: Idyllische Gärten, Rebhänge und eben der schöne Blick auf Stadt und Berge lockten sonntags zum Spaziergang. An diesem schönen Ort verliebte sich Goethe in Marianne von Willemer – die junge Wiener Schauspielerin und Tänzerin war die dritte Frau des Bankiers. Goethe war eingeladen, gemeinsam mit dem Ehepaar die Freudenfeuer anzuschauen, die anlässlich des Jahrestages der Leipziger Völkerschlacht überall auf den Anhöhen der Umgebung entzündet wurden. Das mit dem Blick kann man sich heute tatsächlich nur noch schwer vorstellen. Der Hühnerweg ist mittlerweile dicht bebaut, selbst vom Balkon aus, von wo die von Willemers und ihr Gast vermutlich die Feuer beobachtet haben, blickt man lediglich auf schlichte Neubauten.

Das Häuschen selbst ist winzig. Und schlagartig wurde mir klar: Goethe muss ein eher klei-ner Mann gewesen sein. Die Räume messen nur wenige Quadratmeter, die Fenster sind eher niedrig, das Treppenhaus ist eng und das Mobiliar von zierlicher Gestalt. An einer Wand hängt das Gedicht »Ginkgo biloba«, das Goethe handschriftlich und mit zwei Gingko-Blättern verziert Marianne gewidmet hat. Die Zuneigung, die der Dichter und die junge Bankiersfrau zueinander empfanden, blieb lange geheim, doch es verband sie eine intensive Brieffreundschaft bis zu Goethes Tod. Und auch in den Gedichten des »West-östlichen Divan« finden sich zahlreiche Hinweise auf ihre innige Beziehung.

Auch der hübsche Garten rund um das Häuschen ist klein – wie ein Park in Miniaturausgabe. »Allerschönste Zeit« hat Goethe seinen letzten Aufenthalt in Frankfurt als Gast des Bankiers und seiner Gattin genannt. Und man ahnt an diesem besonderen Ort inmitten schmuckloser Wohnhäuser etwas von dieser romantischen Geschichte.

Goethe war übrigens, ich habe es nachgelesen, nur 1,69 Meter groß. Schiller hingegen, obwohl auf dem Standbild vor dem Deutschen Nationaltheater in Weimar genauso groß wie Goethe, überragte ihn um mehr als zehn Zentimeter.

42

Mittagspause ahoi

MERAL IMBISS
GEGENÜBER SCHAUMAINKAI 35
60594 FRANKFURT
GEÖFFNET VON APRIL BIS OKTOBER
(JE NACH WETTER) TGL. 12–23 UHR
TEL. 0162 43 53 30 4
MERAL-EVENT.DE

Vermutlich ist die »Istanbul« das einzige Dönerboot Deutschlands. Ramiz Meral hat sich von den türkischen Fischerbooten am Bosporus inspirieren lassen und legte 2004 mit seinem Imbissboot auf der Sachsenhäuser Seite, etwa auf Höhe des Weltkulturen Museums, an. Direkt vom Wasser aus verkauft er Dürüm, Döner, aber vor allem schmackhafte Fischvariationen im Brot. Neben den Fischdönern von Makrele, Dorade und Sardelle gibt es auch gegrilltes Gemüse, Reis, Salat und selbstgemachte Kartoffelchips. Während der Saison von April bis Oktober gibt es werktags bei schönem Wetter zudem täglich wechselnde Mittagsmenüs mit einem Ge-

tränk und einem Glas Tee. Viele verbringen hier ihre Mittagspause, auch der Oberbürgermeister wurde schon gesichtet.

2018 war ein großer Frachter mit zu hoher Geschwindigkeit auf dem Main unterwegs und setzte das Imbissboot unter Wasser. Der Schaden war immens, die Bordelektronik beschädigt, die Kasse defekt und sämtliche Lebensmittel hinüber. Und ein Jahr später geriet die »Istanbul« abermals in Seenot, im Schiffsrumpf stand hüfthoch das Wasser, und zahlreiche Gäste stemmten sich knapp eine Stunde lang gegen das Boot, um es vor dem Kentern zu retten. Sogar im Lokalteil der Zeitungen wurde darüber berichtet. Grund für die Schieflage war diesmal eine falsche Beladung. Die Feuerwehr pumpte schließlich das Schiff leer, und Ramiz Meral konnte seine Geschäfte – zur großen Freude seiner zahlreichen Stammgäste – wieder aufnehmen.

Machen Sie es einfach wie alle hier: Setzen Sie sich auf einen der roten Sandsteinquader, suchen Sie sich eine schöne Bank oder einen Platz auf der Wiese und genießen Sie ein wenig Bosporus am Main. Und falls Sie mit dem Boot nach Frankfurt kommen: Ramiz Meral verkauft seine Speisen auch flussseitig. Selbst Frachter werden gelegentlich mit Proviant versorgt.

43

Haus im Haus

DEUTSCHES ARCHITEKTURMUSEUM (DAM)
SCHAUMAINKAI 43
60596 FRANKFURT
DI, DO - SO 10-18 UHR, MI 10-20 UHR
DAM-ONLINE.DE

Wie gestalten wir unsere Lebensräume, wenn immer mehr Menschen in Metropolen leben? Wie unsere Häuser? Unsere Städte? Die Urbanisierung wirft viele spannende Fragen auf – und auf einige davon kann die Architektur entscheidende Antworten geben. Gebäude sind immer auch Manifestationen von Ideen des Wohnens, Lebens und Arbeitens. An der Struktur eines Gebäudes lassen sich Machtdemonstrationen ablesen, Bürokratie, Humanismus, Effizienz, Überfluss und Armut. Im Deutschen Architekturmuseum kann man dies alles ausführlich und äußerst anschaulich studieren. Zum Beispiel in der Dauerausstellung »Von der Urhütte zum

Wolkenkratzer«, die anhand von vierundzwanzig Großmodellen sichtbar macht, wie sich der öffentliche Raum im Laufe der Jahrtausende verändert hat und welches Welt- und Menschenbild sich darin zeigt. Das ist spannend, denn plötzlich sieht man auch die eigene Stadt mit anderen Augen: Was man für großzügige Gebäudeplanung hielt, ist vielleicht plumpes Imponiergehabe des Eigentümers. Auch die Glasfassaden vieler Banktürme entlarven sich bei genauerem Nachdenken als Täuschung: Das vermeintlich transparente Material erweist sich als geschlossene Fläche, die jeden Blick abweist und stattdessen kalt die Stadt und den Himmel spiegelt. Und

was man naiv als langweilige Ästhetik des 21. Jahrhunderts betrachtet hat, entpuppt sich bei genauerer Betrachtung als gelungenes Beispiel für ein umsichtiges städtebauliches Konzept. So hielt ich den Opernturm am Eingang zur Bockenheimer Landstraße zunächst für ein weiteres Beispiel fader Einheitsarchitektur. Bis ich verstand: Der Opernturm schließt auf subtile Weise den Platz vor der Alten Oper zu einem stimmigen Ensemble. Der beigefarbene portugiesische Kalkstein der Fassaden sowie die niedrigen Vorbauten ergänzen das historische Gebäude perfekt.

Das Museum selbst befindet sich in einer Gründerzeitvilla

am Mainufer, die in den Jahren 1979 bis 1984 komplett entkernt wurde. So entstand ein Haus im Haus nach den Prinzipien der postmodernen Architektur der 1980er Jahre, bei der sich die Struktur eines Gebäudes mit seinem Zweck verbindet und ihn sichtbar werden lässt. In den hellen und luftigen Räumen finden neben der Dauerausstellung große Wechselausstellungen zu unterschiedlichen Themen internationaler zeitgenössischer Architektur statt, zu denen auch Kongresse und Symposien veranstaltet werden. 2011 etwa zeigte das Museum eine Werkschau des Architekten Paul Bonatz, die unerwarteten Zündstoff bot. Zur selben Zeit entbrannte in Stuttgart nämlich gerade die Diskussion über das Projekt »Stuttgart 21« und den

damit verbundenen Abriss oder Erhalt der Seitenflügel des Bahnhofs – Bonatz war der Architekt des Stuttgarter Hauptbahnhofs. Spannend auch die Ausstellung zur kaukasischen Metropole Tiflis: »Hybrid Tbilisi« – eine Stadt zwischen spektakulären Neubauten und Brutalismus, zwischen Orient und Okzident.

Ein weiterer Schwerpunkt sind Frankfurter Architekturthemen wie etwa die Bauten des Neuen Frankfurt, die der Stadt einst den Ruf als Hochburg der Moderne einbrachten. Und auf der Legobaustelle hält das Museum eine Viertel Million Steine für Kinder bereit, die hier nach Herzenslust bauen können – einfach drauflos oder auch zu einem bestimmten Thema wie etwa »Wahrzeichen aus aller Welt« oder »Mit dem Hausboot über den Main«.

Monsterspecht und Schneckentempo

MONSTERSPECHT
HAINER WEG
ZUGANG ÜBER BABENHÄUSER
LANDSTRASSE, AM SPORTPLATZ
(SPIRIDON LAUFTREFF) GEGENÜBER
DER NUUR-MOSCHEE
60599 FRANKFURT

Folgt man dem Hainer Weg zu Fuß durch das Gattertor in den Stadtwald, fällt nach etwa acht Minuten auf der linken Seite eine Bank auf, die in merkwürdigem Winkel zum Weg steht. Hebt man den Kopf, sieht man, warum. Gegenüber thront auf einer 173 Jahre alten Stieleiche der Monsterspecht. Durch die Position der Bank wird der Blick, sobald man sich gesetzt hat, genau auf das Tier gelenkt, das man beim Vorübergehen leicht übersehen könnte. Der riesige Specht ist ein Entwurf des 2005 verstorbenen Zeichners und Autors F. K. Waechter – eines Vertreters der Neuen Frankfurter Schule – und gehört wie auch der Pinkelbaum oder die Eule im Norwe-

gerpullover zu den Werken der Komischen Kunst entlang des Frankfurter Grüngürtels, der Teil eines Landschaftsschutzgebietes rund um Frankfurt ist.

Der Vogel ist aus Pappelholz und etwa 300 Kilogramm schwer. Und er ist nicht der erste seiner Art. 2017 holte Tief »Jürgen« seinen Vorgänger vom Baum. Es hat ihm dabei nicht nur den Schnabel gebrochen, man stellte auch fest, dass er von Pilz befallen war.

Ich mag Vögel. Besonders Rotkehlchen haben es mir angetan mit ihren dicken Bäuchen, den dünnen Beinen und den großen, dunklen Augen. Aber auch Meisen sind toll und Amseln, die man in letzter Zeit gar nicht

mehr so oft bei uns sieht. Und Spatzen sowieso. Vor der Tate Modern in London gab es vor drei Jahren einen Infostand der Royal Society for the Protection of Birds. Wanderfalken nisteten auf dem Gebäude der Kunsthalle und man reichte Ferngläser, um das Brutpaar zu beobachten. Für eine kleine Spende konnte man an dem Stand Pins mit Vogelmotiven erwerben. Seither prangt ein Rotkehlchen am Revers meiner Jeansjacke und ich behaupte stets sehr überzeugend, ich sei im Rotkehlchen-Club. Spechte sind auch in Ordnung. Lange dachte ich, das typische Klopfen diene dem Anlocken von Insekten, die zwischen Borke und Baum herumkrabbeln. Erst kürzlich las ich, dass das Klopfen der Spechte ihr Zwitschern ist.

Während man von der Bank aus den komischen Vogel beobachtet, seine Größe bewundert und lauscht, ob er nicht vielleicht doch gerade geklopft hat, kommen immer mal wieder Jogger vorbei – der Stadtwald ist ein beliebtes Läuferrevier – oder Leute, die ihren Hund ausführen, dann und wann zischt ein Radfahrer vorüber. Gelegentlich kreuzt auch eine Schnecke den Weg. Beim Anblick von Schnecken fällt mir immer der Satz von Blixa Bargeld, dem Sänger der »Einstürzenden Neubauten«, ein: »Die Zeit heilt alle Wunden. Erzählen nur die Schnecken.« Seither denke ich anders über den Schmerz und auch über die Schnecken. Und während man so unter großen alten Bäumen sinniert über Zeit, Ziele und Wege und weiterhin den Specht im Auge behält, kann es sein, dass man zu sehen glaubt, wie der Monsterspecht dabei ist, seine Flügel auszubreiten. Dann allerdings ist es höchste Zeit aufzustehen. Wer nicht gleich zurück möchte, kann noch ein gutes Stück weiter Richtung Süden zum Kesselbruchweiher gehen, der in Jan Seghers Krimi »Ein allzu schönes Mädchen« Tatort war. Hier tummeln sich Wasserfrösche und Enten, viele heimische Vögel brüten am Ufer und gelegentlich schaut auch eine Damwildfamilie vorbei.

45

From nose to tail

RESTAURANT EMMA METZLER

SCHAUMAINKAI 17

60594 FRANKFURT

DI - SA 12-23 UHR, SO 12-18 UHR

TEL. 069 83 04 00 94

EMMAMETZLER.DE

TIPP

IN DEM VON ARCHITEKT RICHARD MEIER ENTWORFENEN MUSEUM FÜR ANGEWANDTE KUNST KANN EINE ORIGINAL »FRANKFURTER KÜCHE« AUS DEN 1920ER JAHREN BESICHTIGT WERDEN. DIE VON MARGARETE SCHÜTTE-LIHOTZKY KONZIPIERTE KÜCHE GILT ALS VORBILD DER MODERNEN EINBAUKÜCHE UND IST EIN WICHTIGES KONZEPTIONELLES ELEMENT DES BAUPROJEKTS »NEUES FRANKFURT« UNTER DER LEITUNG VON ERNST MAY.

Als Anton de Bruyn 2017 das Restaurant im Museum für Angewandte Kunst am Main übernahm, hatte er ein klares Konzept: Ein lebendiges Lokal sollte es werden, wo es vorher doch ein wenig steif zuging. Ein Ort, der eher Treffpunkt mit gutem Essen und guten Getränken sein sollte als elitäres Restaurant. Schon optisch hat sich das niedergeschlagen: Der große Raum wirkt durch viel Rot und geschickt platzierte Sideboards luftig und doch gemütlich. In den Regalen stehen Einmachgläser mit kandierten Biozwergorangen, bittersauren Ebereschen oder Spargelspitzen, die in Essigsud eingelegt wurden. Eine große Fensterfront öffnet sich zum kleinen Park hin

und sorgt auch im Winter für viel Tageslicht. Abends kommt das Licht dann von Glühbirnen, die an Bändern fröhlich kreuz und quer durch den Raum gespannt sind.

De Bruyn, der sein Lokal liebevoll »Emma« nennt, hat im Vorfeld viele Dinge hinterfragt und neu durchdacht. Das beginnt schon bei den Tischdecken, die es nicht gibt. Stattdessen gibt es helle Tische aus Ahornholz, die regelmäßig mit Kernseife gebürstet werden. Auf den Tischen liegen schlichte Leinenservietten. Viele Mineralwässer werden erst einmal quer durchs Land kutschiert, bevor sie auf den Tisch kommen. »In den meisten Restaurants ist das Wasser auch immer ein recht hoher Posten

auf der Rechnung, das finde ich unnötig«, erklärt de Bruyn. Das Leitungswasser, das in Frankfurt Trinkqualität hat, wird in der »Emma« selbst aufbereitet und für einen Euro fünfzig in Karaffen angeboten. Und dann das Brot: Das unbestritten beste Sauerteigbrot der Stadt gibt es hier. Anton de Bruyn backt es selbst und serviert dazu Butter, die mal mit Salz und Cassis, mal mit Salbei oder Estragon gewürzt ist. Wer Brot zum Essen möchte, muss dafür drei Euro bezahlen. »Ich finde, in der Gastronomie wird zu viel Brot weggeworfen«, begründet er sein Konzept.

Die schöne Terrasse hat sich als Glücksfall für Anton de Bruyns »Emma« herausgestellt. Kaum ist es ein bisschen wärmer, verschwimmen die Grenzen zwischen innen und außen, zwischen Restaurant, Terrasse und Park. Selbst das kleine Mäuerchen am Rande der Terrasse hat sich unter seiner Regie von der Begrenzung zur Erweiterung gewandelt. De Bruyn hat einfach ein paar Flickenteppiche angeschafft, die man sich vom Stapel nehmen kann, wenn man sich auf die Mauer setzen möchte. Auch wer nur auf ein Glas Wein vorbeischauen will, ist hier herzlich willkommen.

Mittags stehen viele vegetarische Gerichte auf der Karte, nachmittags gibt es vorzügliche Kuchen und abends servieren de Bruyn und sein Team zusätzlich zu den vegetarischen Gerichten auch Schellfisch mit gegrillten Salatherzen, Vogelsberger Schweinebauch oder gegrilltes Rindermark. De Bruyn verarbeitet die Tiere, die er bis auf die Rinder im Ganzen kauft, grundsätzlich *»from nose to tail«* – von der Schnauze bis zum Schwanz, vom Schnabel bis zum Bürzel. Ein Aufwand, der die Küche gelegentlich vor Herausforderungen stellt, aber für de Bruyn auch eine Frage des Anstands ist. Zu den Speisen gibt es eine tolle Auswahl an Bio- und Naturweinen, die von Restaurantleiter Patrick Strähle fachkundig erklärt und auch offen ausgeschenkt werden. Vom großen Blumenstrauß auf den Sideboards bis zu den exzellenten Riesling- und Rotweinessigen, die zur Veredelung der Speisen eingesetzt werden: De Bruyn bezieht alle Produkte aus der Region, stellt seine Lieferanten – zu denen auch Bauer Mann aus der Kleinmarkthalle (siehe Lieblingsort Nr. 2) gehört – ausführlich auf der Website des Restaurants vor und feiert sie im Lokal mit einer wunderschönen Postkartenserie.

46

Unterm Blau-glockenbaum die Zeit vergessen

CAFÉ IM LIEBIEGHAUS
SCHAUMAINKAI 71
60596 FRANKFURT
DI – MI, FR – SO 10-18 UHR,
DO 10-20 UHR
TEL. 069 60 50 98 29 2
WWW.LIEBIEGHAUS.DE / DE / CAFE

Gleich vorab: Das »e« nach dem zweiten »i« ist kein Druckfehler. Denn das Liebieghaus hat nichts mit dem Chemiker und Erfinder des Fleischextrakts Justus von Liebig zu tun, sondern war einst die prachtvolle Villa des Textilfabrikanten Heinrich Baron von Liebieg. Er vermachte das Gebäude der Stadt mit der Auflage, dort ein öffentliches Kunstmuseum einzurichten. Das Prunkstück der Gründerzeitarchitektur ist heute eines der bedeutendsten Skulpturenmuseen weltweit mit einer hochkarätigen Sammlung antiker und klassizistischer Exponate. Hier ist auch die Marmorskulptur »Ariadne auf dem Panther« von Johann Heinrich von Dannecker zu bewundern,

die einst Frankfurts Wahrzeichen war. Im 19. Jahrhundert wurde sie zigfach und in den unterschiedlichsten Größen reproduziert – aus Bronze und Porzellan, aus Gips, Elfenbein und Marmor. Die Tochter des kretischen Königs Minos wurde als Andenken verkauft, zierte Stoffe, Postkarten und sogar eine Reklame für Frankfurter Würstchen. »Übrigens zieht die Frankfurter Industrie einen gewaltigen Vorteil aus dieser Statue. Sie wird nämlich in allen möglichen Formen reproduziert: als Pendüle, als Briefbeschwerer, als Stich, als Stoffdruck: immer und immer wieder stößt man auf Herrn Bethmanns Ariadne (der Name des Besitzers hat

den des Bildhauers längst verdrängt)«, berichtete der französische Journalist und Schriftsteller Eugène Guinot. Der Bankier Simon Moritz von Bethmann gab die Skulptur in Auftrag und errichtete eigens ein kleines Ausstellungsgebäude, um sie – sehr erfolgreich – der Öffentlichkeit zu präsentieren: Das »Odeon« in der Friedberger Anlage steht noch heute – idyllisch inmitten von sehr viel Grün. In der klassizistischen Villa befindet sich heute das »le Panther« – eine Bar mit schöner Sommerterrasse.

Auch das Liebieghaus hat einen zauberhaften Garten, den man von der stark befahrenen Mainuferstraße aus nicht sehen kann. Gehen Sie vorbei an Athene und Marsyas, an Platanen und rot und weiß blühenden Kastanien, an Magnolien und asiatischen Blauglockenbäumen. Hinter dem Hauptgebäude erwartet Sie ein sonniger Hof, in dem man ganz wunderbar die Zeit vergessen kann. Es gibt selbstgebackene Kuchen und wechselnde Salate, beispielsweise mit Linsen oder Kichererbsen. Fünf Tageszeitungen und kostenloses Wi-Fi signalisieren, dass man auch zum längeren Verweilen herzlich willkommen ist. Unter dem Namen »Secret Garden« lädt das Museum zudem an mehreren Abenden im Sommer zum entspannten Sundowner im Schatten der Bäume ein. Und in der kalten Jahreszeit oder wenn es im Sommer selbst unter den großen Schirmen auf der Terrasse zu heiß wird, kann man sich in einen der geschmackvoll möblierten Gasträume oder in das gemütliche Kaminzimmer zurückziehen.

47

Versessen auf Essen

FUJIWARA

CRANACHSTRASSE 1

60596 FRANKFURT

DI 18-22 UHR

MI – SA 12-14 UHR, 18-22 UHR

TEL. 069 663 71 816

WWW.FUJIWARA-RESTAURANT.DE

HINWEIS:
DURCH EINEN EIGENTÜMERWECHSEL
MUSSTEN DIE FUJIWARAS NACH ZEHN
JAHREN ENDE 2019 IHR LOKAL IN DER
CRANACHSTRASSE AUFGEBEN. BEI DRUCK-
LEGUNG STAND DIE NEUE ADRESSE LEIDER
NOCH NICHT FEST. SIE ERFAHREN SIE
ÜBER DIE WEBSITE DES RESTAURANTS.

Mitte der 1980er Jahre verdiente ich als Studentin eine Zeit lang mein Geld damit, Herrn Kuromizu Deutsch beizubringen. Er sprach bereits ganz passabel, liebte »Lili Marleen« und wenn ich zu ihm abends in die Dai-Ichi Kangyo Bank im 27. Stock des Selmi-Hochhauses kam, lasen wir gemeinsam Artikel aus dem Wirtschaftsteil der »Frankfurter Allgemeinen« – von denen ich meist selbst nur die Hälfte verstand. Wenn er müde war und keine Lust hatte auf Konjunkturaufschwung und Außenhandelsbilanzen, auf Deregulierung und Dividendenrendite, tauschten wir uns über unsere unterschiedlichen Kulturen aus. Nach einigen Monaten kam seine Frau

gemeinsam mit der vierjährigen Tochter Keiko aus Yokohama nach. Frau Kuromizu sprach weder Deutsch noch Englisch, und ich versuchte, ihr wenigstens ein paar Grundbegriffe beizubringen. Schon bald wurde sie erneut schwanger, und ehe ich mich versah, war ich Aupair-Mädchen in meiner eigenen Stadt. Ich spülte Geschirr, putzte die Toilette, die Schuhe, bügelte – nur einmal, vermutlich war ich nicht gut genug – und passte auf Keiko auf, wenn Frau Kuromizu sich mit anderen Japanerinnen traf. Einmal im Monat luden mich die Kuromizus zum Essen in eines der beiden einzigen japanischen Restaurants, die es damals in Frankfurt gab, ein.

Dort bestellten sie farbenfrohe rohe Fischstücke oder köstliche mit Algen umwickelte Reisröllchen. Sie ließen mich gefüllte Teigtaschen probieren und kalte Nudelsuppe. Wir tranken japanisches Bier und starken Sake aus kleinen Holzkästchen. Ich lernte, mit Stäbchen zu essen, und erfuhr, dass es sich nicht gehört, die grüne Wasabipaste mit der Sojasoße zu verrühren. Auch zu viel Sojasoße in das dafür vorgesehene Schälchen zu gießen und dann übrig zu lassen, gilt bei Japanern als extrem unhöflich. Sushi ist längst fester Bestandteil unserer Esskultur, und in Frankfurt gibt es inzwischen viele gute und sehr gute japanische Restaurants. Erst kürzlich hat das Nihonryori Ken (siehe Lieblingsort Nr. 37) eröffnet: ein vorzügliches Kaiseki-Restaurant. Mein japanisches Lieblingslokal aber ist seit vielen Jahren das »Fujiwara«. Das Essen entlockt selbst japanischen Freundinnen und Freunden schon mal das Kompliment: »Eigentlich wie in Tokio«. Während Herr Fujiwara hinter seiner Fischtheke steht und die Bestellungen abarbeitet, kümmert sich seine Frau um die Gäste. Früher half gelegentlich auch Sohn Shohei mit. Es gibt eiskaltes Kirin-Bier vom Fass, außerdem haben sich die Fujiwaras von einem Weinhändler beraten lassen, sodass es auch eine schöne Auswahl meist deutscher Weine gibt, die hervorragend zu den japanischen Gerichten passen. Ein typisches Abendessen zu zweit könnte zum Beispiel so aussehen: Sie starten mit Edamame, das sind warme Sojabohnen mit Meersalz – ein Snack, den man in Japan auch gerne zum Bier isst. Alternativ: eine Schale mit Chips aus der Lotuswurzel. Anschließend vielleicht Yakitori, Hühnerspieße, zu denen Sie unbedingt grünes Matchasalz bestellen sollten. Und fragen Sie nach Schweinebauch. Der steht nicht auf der Karte, schmeckt aber köstlich: dünn geschnittene, sehr aromatische Scheiben Fleisch. Je nach Saison sollten Sie auch Spargel- oder Kürbis-Tempura versuchen: beides ein Gedicht. Vor dem Übergang zu Sashimi oder Sushi könnten Sie noch Tai no Usuzukuri, eine Art Carpaccio von der Dorade probieren: dünne Scheiben Fisch in einer köstlichen Marinade. Und danach Sushi, Maki oder Sashimi nach Lust und Laune. Auch das Eis vom grünen Tee schmeckt sehr gut, ich lasse das Dessert jedoch meist zugunsten einer Extraportion Fisch oder Gemüse ausfallen. Japaner sind versessen auf Essen. Die Auswahl der Produkte, die Zubereitung, das Anrichten: Alles geschieht mit großer Sorgfalt und großem Ernst. Und wenn Sie einem japanischen Koch ein Lächeln entlocken wollen, sagen Sie: »*Totemo oishikatta-desu*« – »Es war sehr köstlich«. Die Familie Kuromizu ist übrigens längst wieder zurück in Japan, aber wir sind noch immer in Kontakt. Keiko ist inzwischen selbst Mutter einer kleinen Tochter. Sie wohnt mit ihrer Familie auf Hokkaido. Eines Tages werde ich sie dort besuchen.

48

Eine Halle für die Kunst

AUSSTELLUNGSHALLE

SCHULSTRASSE 1A

60594 FRANKFURT

ÖFFNUNGSZEITEN LAUT JEWEILIGEM

PROGRAMM UND NACH VEREINBARUNG

TEL. 069 962 00 188

WWW.AUSSTELLUNGSHALLE.INFO

Im Hinterhof eines Fachwerkhauses in einer der ältesten Straßen Sachsenhausens steht die Halle einer ehemaligen Wäscherei mit großen Fenstern und hohen Wänden. Seit über zwanzig Jahren ist dies ein Ort für Kunst. Hier finden Einzel- und Gruppenausstellungen von vornehmlich in Frankfurt und Umgebung lebenden Künstlern statt, aber auch Lesungen, Theater-, Film- und Musikaufführungen sowie Künstlergespräche. Bei Vernissagen und schönem Wetter ist auch der idyllische Hof vor der Halle ein beliebter Treffpunkt, um bei Wein und Salzgebäck über die Kunst zu philosophieren. Leiter, Kurator und Koordinator Dr. Robert Bock ist da-

ran gelegen, Künstlerinnen und Künstlern einen Raum zu geben, die zwar einen hohen ästhetischen und konzeptuellen Anspruch haben, aber aus unterschiedlichen Gründen noch nicht im klassischen Kunstbetrieb angekommen sind. Die Künstlerinnen und Künstler konzipieren die Ausstellungen selbst und haben die Möglichkeit, ihre Arbeiten auch direkt zu verkaufen. Träger der AusstellungsHalle ist ein gemeinnütziger Verein, der entsprechend nichts am Verkauf verdient. Auch dies macht das Konzept von Robert Bock einzigartig. Mit dem überhitzten, glamourösen Kunstbetrieb, in dem es eher um Marktwert als um Aussagekraft geht, hat

die AusstellungsHalle nichts zu tun. Regelmäßig gibt es hier Unerwartetes zu entdecken: Julia Roppels sich auflösende Landschaften etwa, die kaleidoskopartigen Bierdeckel-Collagen von Albrecht Wild oder die transformierten Pflanzenwelten von Birgit Fischötter. Hin und wieder wird die Halle auch zum offenen Atelier. Wie etwa, als der Künstler Max Weinberg die AusstellungsHalle zum »Spielraum der Fantasie« erklärte und über mehrere Wochen vor Ort an seinen überbordenden, bunten Bildern arbeitete, die von grellgrünen Einäugigen, pinkfarbenen Vielbrüstigen und schwarzen, mehrarmigen Gestalten bevölkert werden.

49

Saumagen und Skyline Royal

RESTAURANT FRANZISKA
HAINER WEG 72
60599 FRANKFURT
RESTAURANT MO - DO 18-00 UHR,
FR - SA 12-15 UHR, 18-00 UHR
BAR SO - DO BIS 00 UHR,
FR - SA BIS 02 UHR
TEL. 069 663 77 640
WWW.MOOK-GROUP.DE/FRANZISKA

Jede Stadt mit einer Skyline sollte einen solchen Ort haben: mondän, schick, glamourös, ein bisschen wie aus einem Hochglanzmagazin – und mit spektakulärer Aussicht. London hat das »Tíng« im The Shard, New York hat das »Top of the Standard« in der Washington Street. Tokio hat das »Kozue« im »Park Hyatt«, von dem aus man an klaren Tagen sogar den Fuji-san sehen kann, und Frankfurt hat das »Franziska« im Henninger Turm. Weite Blicke in der Ebene sind vielleicht gut fürs Gemüt. Weite Blicke von hohen Häusern in Städten jedoch sind atemberaubend und können ein Gefühl von Sehnsucht und Überschwang entfachen. Und Frankfurt, diese

kleine große Stadt, hat mit New York, London und Tokio eines gemeinsam: eine imposante Skyline. Das »Franziska« befindet sich im sogenannten Fass des neuen Henninger Turms, der in Form und Aussehen dem ehemaligen Getreidesilo der Brauerei nachempfunden wurde. Der frühere Turm, der jedes Jahr im Mai Start und Ziel des berühmten Radrennens »Rund um den Henninger Turm« war, wurde abgerissen. In seinem fassähnlichen Aufsatz – dem Aussichtsturm – befand sich viele Jahre ein Lokal, das sich drehte. Der Abriss wurde von den Frankfurtern argwöhnisch beobachtet. Schließlich war der Henninger Turm mit seinem irgendwie merkwürdigen Aussehen, an das man sich aber schnell gewöhnt hatte, seit Anfang der 1960er Jahre eines der Wahrzeichen der Stadt. Sein Nachfolger, der außer dem Restaurant teure Luxuswohnungen beherbergt, kann da mit seiner insgesamt etwas wuchtigeren Silhouette nicht ganz mithalten. Das Panorama, das sich beim Betreten des Restaurants in der 39. Etage durch die rundumlau-

fenden großen Fenster bietet, ist großartig. Die gesamte Stadt liegt einem zu Füßen und je nach Himmelsrichtung tauchen die Mittelgebirge der Region am Horizont auf: Taunus, Spessart und Odenwald. An klaren Tagen sieht man den Großen Feldberg. Die Küche ist für ein Lokal in so luftiger Höhe überraschend bodenständig und nennt sich für meinen Geschmack ein wenig überspannt: »Progressive German Vintage Cuisine«. Dahinter verbergen sich Gerichte, die man im weitesten Sinne gutbürgerlich nennen könnte, die aber einen modernen und bisweilen überraschenden Twist erhalten haben: Blutwurst-Gyoza mit Sauerkraut, Brezenknödel mit Edelpilzen und Trüffelschaum oder Leberwurst Crème brûlée. An der Bar gibt es neben angesagten Cocktails auch ein zünftiges frisch gezapftes Henninger Pils. Das alles hat seinen Preis – schließlich wird zu jedem Gericht und jedem Getränk auch immer die ganze Stadt mit serviert. Aber der Blick auf die nächtliche Skyline ist es unbedingt wert.

Wo die sieben Kräuter wohnen

GRÜNE-SOSSE-DENKMAL
SPECKGASSE 7
60599 FRANKFURT

TIPP

IM RESTAURANT »BORUSSIA« IM
RUDERERDORF WIRD ZUR GRÜNEN SOSSE
ZARTER KALBSTAFELSPITZ SERVIERT - IM
SOMMER UNTER EINER RIESIGEN PLATANE
DIREKT AM MAIN.

RESTAURANT BORUSSIA
MAINWASENWEG 31D
60599 FRANKFURT
MO - FR 11.30-15 UHR, 17-23 UHR,
SA 18-23 UHR, SO 11-23 UHR
TEL. 069 651 185

Eine Stadt, die ihrem Nationalgericht ein Denkmal setzt, muss kulinarisch eine beeindruckende Tradition haben – könnte man meinen. Doch weit gefehlt. In Frankfurt gibt es zwar eine Reihe von Spezialitäten, die aber überwiegend in die Kategorie »macht satt« gehören: Die Frankfurter Küche ist deftig und eher einfach. Dennoch – oder vielleicht gerade deshalb? – gibt es südlich des Mains ein Denkmal für die Grüne Soße.

Angeblich war die Frankfurter Spezialität Goethes Leibgericht. Zumindest steht das auf dem weißen Papier, in das die Kräuter gewickelt sind, wenn man sie kauft. Doch dies scheint eine Legende zu sein. Goethe war zwar

dem Essen sehr zugetan und verspeiste offenbar schon zum Frühstück Forellen, wenn man dem Dichter Jean Paul glauben darf, aber das mit der Grünen Soße stimmt wohl nicht. Zumindest ist dies auf der Website des jährlich stattfindenden Grüne-Soße-Festivals zu lesen.

Die zu einer dickflüssigen Soße zubereiteten Kräuter sind schmackhaft und gesund. Borretsch soll gute Laune machen, Kerbel fördert den Stoffwechsel, Sauerampfer ist gut gegen Magen-Darm-Beschwerden und Petersilie liefert Eisen.

Wenn Sie an einem der Stände auf dem Markt oder in der Kleinmarkthalle ein Päckchen Grüne Soße erstehen wollen, scheuen Sie sich nicht, den Händler zu bitten, es aufzurollen: Das ist durchaus üblich und ein guter Händler wird es mit Stolz tun. So sehen Sie erstens, ob die Kräuter frisch sind, und zweitens, ob alle sieben in einem einigermaßen ausgewogenen Verhältnis vorhanden sind. Und das Rezept? Es gibt viele. Und selbst echte Frankfurter streiten hier über Details. Neben Schmand, saurer Sahne oder Joghurt gehören ein wenig Essig oder Zitronensaft, Senf, Pfeffer und Salz hinein. Viel mehr braucht es nicht. Knoblauch? Eher nein. Kleingeschnittene Gewürzgurke? Nein. Mayonnaise? Auf gar keinen Fall. Ein kleingehacktes, hart gekochtes Ei? Unbedingt.

Achten Sie im Lokal einfach darauf, ob die Grüne Soße wirklich grün ist. Ist sie blässlich weiß, wurde mit den Kräutern gegeizt. Ist sie auch noch blassgelb, wurde zu viel Mayonnaise verwendet.

Das Denkmal für die Grüne Soße steht am Rande der Oberräder Gärten und Felder, wo die sieben Kräuter für die Spezialität traditionell angepflanzt werden. Es sind sieben kleine Gewächshäuser – für jedes der Kräuter eines.

Die Wände der Gewächshäuser sind aus durchsichtigem, grün gefärbten Polycarbonat, das den Farbton des jeweiligen Krautes wiedergibt. Auf der Bodenplatte der Häuschen stehen in großen Lettern die Namen der Kräuter: Petersilie, Schnittlauch, Kerbel, Kresse, Pimpernell, Sauerampfer und Borretsch. Besonders schön ist das Denkmal am Abend: Dann leuchten die sieben Gewächshäuser in zarten Grüntönen auf dem Feld.

51

TRAM 12, 15, 19, 21, HEINRICH-HOFFMANN-STRASSE ODER PER RAD
ÜBER DEN SÜDLICHEN MAINRADWEG

Kleine Oase am Fluss

LICHT- UND LUFTBAD NIEDERRAD
NIEDERRÄDER UFER 10
60528 FRANKFURT
TEL. 069 677 33 653
WWW.LILU-FRANKFURT.DE

TIPP

BEI »STADTGOLD« IN DER BERLINER STRAS-
SE IN DER ALTSTADT GIBT ES SOGENANNTE
»MAINKARÄTER« - RINGE MIT FLUSS-
KIESELN AUS DEM LILU. DIE STEINE AUS
DEM MAIN WERDEN WIE BRILLANTEN GE-
SCHLIFFEN UND ANSCHLIESSEND IN GOLD,
PLATIN ODER SILBER GEFASST.

STADTGOLD
BERLINER STRASSE 20
60311 FRANKFURT
MO - FR 11-19 UHR
SA 11-18 UHR

Die Frankfurter haben lange ge-
braucht, bis sie den Main für
sich entdeckten. Früher gab es
im Stadtbereich einige Badean-
stalten am Main. Aber am Main
spazieren gehen? Wer macht
denn so was? Heute lieben die
Frankfurter ihren Fluss. Zu verdanken ist dies sicherlich vor
allem auch Hilmar Hoffmann,
dem langjährigen Kulturdezer-
nenten der Stadt, auf dessen Initiative hin in den 1980er Jahren
das Museumsufer mit insgesamt
15 Museen entstanden ist. Zu jeder Jahreszeit, aber vor allem im
Sommer, wird jetzt am Fluss ge-
radelt, gejoggt, spazieren gegan-
gen, es werden Kinderwagen ge-
schoben und Hunde ausgeführt,
Kleinkinder üben erste Schrit-

te, verliebte Paare liegen auf den Grünstreifen und sonnen sich. An manchen Tagen kann es auf beiden Seiten des Flusses schon mal sehr voll werden. Wer den Fluss nicht missen, aber ein wenig seine Ruhe haben möchte, findet beides nur wenige hundert Meter weiter Richtung Westen. Am Niederräder Ufer wartet eine kleine, ruhige Insel, die durch den Bau der ersten Schleusen Ende des 19. Jahrhunderts entstanden ist. Lang befand sich hier ein Schwimmbad, das Mitte der 1950er Jahre zum Licht- und Luftbad umgetauft wurde, denn aufgrund der Wasserverschmutzung war an das Schwimmen im Main nicht mehr zu denken. Irgendwann gab es hier auch mal einen Campingplatz, bis die kleine Insel dem allgemeinen Desinteresse der Frankfurter an ihrem Fluss zum Opfer fiel und jahrelang brachlag. Inzwischen aber ist eine kleine Oase abseits des Trubels entstanden: das »LILU«, kurz für Licht- und Luftbad. Es gibt Liegewiesen, kleine idyllische Aussichtsplätze, einen Spielplatz und ein Café in einem Ponton, der bei Hochwasser schwimmen kann. Das ist sinnvoll, denn die Insel ist auch eine Überschwemmungs- und Ausgleichsfläche für den Main. Auf der kleinen Terrasse vor dem Ponton kann man schon mal die Zeit vergessen. Es geht alles etwas geruhsamer zu als an den Ufern zwischen Friedens- und Flößerbrücke. Das LILU ist weder Beachclub noch Szenetreff, sondern einfach ein urbanes Biotop. Gelegentlich hört man in einiger Entfernung einen ICE oder einen Güterzug über die Main-Neckar-Brücke rattern. Auf der anderen Mainseite hebt ein Kran Kies von einem Schiff. Dann ist es wieder still. An der ehemaligen Schleuse liegt außerdem ein historisches Hausboot: das »Natur Ship MS Heimliche Liebe«. Es ist eine private Initiative, die das Ziel hat, das alte Schleusenbecken als Biotop zu erhalten und bedrohten Arten Zuflucht zu bieten. Ein verletzter Igel, der von einem Spaziergänger abgegeben wurde, ist ebenso an Bord willkommen wie bäuchlings im Wasser treibende Rotfedern. Liebevoll werden sie verarztet und aufgepäppelt. Das wild bewachsene Dach des Bootes ist Lebensraum für zahlreiche Käfer und Insekten wie etwa die Blauflügel-Prachtlibelle. Gelegentlich steuert ein Schwan das Boot an, um etwas vom Grün zu naschen, und auch Enten, Eichhörnchen und Eisvögel tummeln sich an Bord der »MS Heimliche Liebe«.

Bockenheim und Hausen

52

Das leise Rattern des Projektors

UNI-KINO PUPILLE E. V.
MERTONSTRASSE 26-28
60325 FRANKFURT
AKTUELLER SPIELPLAN UND TERMINE:
SIEHE WEBSITE
TEL. 069 798 28 976
PUPILLE.ORG

Mein erster Kinofilm war »In 80 Tagen um die Welt« mit David Niven in der Rolle des Phileas Fogg. Als ich aus dem Kino kam, war ich eine andere. Es war, als hätte jemand ein Fenster geöffnet, von dem ich bis dahin gar nicht wusste, dass es existierte. Man konnte durch dieses Fenster gleichzeitig in die Vergangenheit und in die Zukunft blicken, die Welt beobachten und dabei auch sich selbst. Und man konnte Menschen dabei zuschauen, wie sie lachten, liebten, weinten, Fehler machten, über Kieswege liefen oder Hähnchenschenkel verputzten. Das nämlich finde ich bis heute verrückt: Noch das banalste Ereignis ist im Film faszinierend. Kino macht das Leben

größer. Ich glaube, von der Reise um die Welt mit Ballons und Eisenbahnen, mit Schiffen und Elefanten, bei der es irgendwie am Ende auch um Liebe geht, habe ich damals gar nicht viel kapiert. Aber mein Blick auf die Welt hatte sich verändert. Dafür liebe ich das Kino.

Ende der 1950er Jahre gab es in Frankfurt über achtzig Lichtspielhäuser. Heute sind es nicht mal mehr zwanzig. Die meisten Kinos in Frankfurt haben inzwischen Popcornmaschinen und Getränke im Kühlschrank und versuchen damit, den rückläufigen Kartenverkauf zu kompensieren. Aber wer es wirklich ernst meint mit dem Film, wer Lust darauf hat, sich einzulassen auf die Welt, die sich dort auftut, wenn es dunkel wird, muss in die »Pupille« gehen. Es warten harte Holzstühle – die wenigen Sitzpolster sind schnell vergriffen – und es gibt auch kein Popcorn. Dafür aber eine sehr große Leinwand und ein Programm, das voller Überraschungen steckt. Die »Pupille« ist das Kino in der Goethe-Universität und wurde bereits 1951 von Studierenden gegründet. Die Filme werden im Festsaal des Studierendenhauses am alten Standort in Bockenheim gezeigt. Während des Semesters kommen beinahe täglich zwei Filme pro Abend zur Vorführung.

Zwei 35mm-Projektoren und ein 16mm-Projektor werden für ältere Filme und Archivkopien genutzt und seit ein paar Jahren steht auch ein digitaler 4K-Projektor für aktuelle Filme im Vorführraum. Gezeigt wird eine leidenschaftliche Mischung aus Kultfilmen und Klassikern, bemerkenswertem Gegenwartskino und engagierten Kunstfilmen. Es gibt Retrospektiven, Länderschwerpunkte, kleine Themenreihen und dazu liebevoll gestaltete Programmhefte mit ausführlichen Informationen zu den Filmen. Das Programm ist in den letzten Jahren mehrfach mit dem Hessischen Kinokulturpreis ausgezeichnet worden. Ich warte noch darauf, dass »In 80 Tagen um die Welt« gezeigt wird. Nicht die Verfilmung mit Pierce Brosnan, auch nicht die mit Jackie Chan, die beide auf dem lautlosen ultrahochauflösenden 4K-Projektor laufen würden, sondern die alte – mit David Niven in der Hauptrolle. Um ein Geräusch zu hören, das inzwischen beinahe völlig aus der Welt verschwunden ist: das leise Rattern des Filmprojektors.

53

U 6, 7 BOCKENHEIMER WARTE

Taschen kann man nie genug haben

DANIELA DAMM

FALKSTRASSE 28

60487 FRANKFURT

DI - FR 10.30-18.30 UHR

TEL. 069 793 02 854

WWW.DANIELADAMM.DE

TIPP

»BADERS FISCH DELI« AUF DER
LEIPZIGER STRASSE. HIER GIBT ES MIT-
TAGS - IN ZUGEGEBENERMASSEN ZIEMLICH
HÄSSLICHEM AMBIENTE - EXZELLENTE
FISCHGERICHTE WIE ORIENTALISCHEN
SEEHECHT, FRANZÖSISCHEN FISCHTOPF
ODER PAELLA. DAZU EIN KLEINES GLÄS-
CHEN VINHO VERDE - PERFEKT.

BADERS FISCH DELI

LEIPZIGER STRASSE 55

60487 FRANKFURT

MO - FR 10-18 UHR, SA 10-14.30 UHR

Taschen sind so eine Sache. Eine Tasche muss groß genug sein, damit alles Wichtige und Unwichtige mühelos hineinpasst. Taschen dürfen aber auch nicht *zu* groß sein. Sie sollten stabil sein, aber das Leder muss sich trotzdem schön weich anfühlen. Auch das Innenleben sollte gut durchdacht sein. Schließlich müssen darin so unterschiedliche Dinge wie Schlüssel, Brille, gegebenenfalls Schminktäschchen, Portemonnaie, eine kleine Wasserflasche, Smartphone, Notizbuch und Stifte Platz fin-

den. Zudem ist eine Tasche immer auch ein modisches Statement, das zum Kleidungsstil passen sollte, ihn akzentuieren und schlimmstenfalls auch ruinieren kann. Darum gehören Taschen zu der Art von Gegenständen, von denen man unbedingt mehrere braucht.

Ich habe viele Taschen, auf die eine oder zwei der beschriebenen Eigenschaften zutreffen. Aber keine, die alles kann. Dann hörte ich von Daniela Damm, Frankfurts einziger Täschnerin, und besuchte sie in ihrem kleinen, hellen Laden in der Falkstraße in Bockenheim. Mit dieser Straße verbinde ich vor allem lange Nächte, in denen wir über die Dadaisten diskutierten oder das neue Album von Pat Metheny rauf und runter hörten, Partys, auf denen wir zu Musik von Steely Dan und Frank Zappa tanzten – und WG-Abende mit ziemlich ungenießbarem Brokkoli-Auflauf, weshalb ich dieses Gemüse bis heute nicht essen kann. Während des Studiums lebte ich in Bockenheim – und irgendwer wohnte immer in der Falkstraße.

Kaum hatte ich den kleinen Taschenladen, der mehr Werkstatt als Geschäft ist, betreten, kamen Daniela Damm und ich auch schon ins Gespräch. Über Taschen, über Bockenheim und über Mode. Auf dem Arbeitstisch lagen allerlei Werkzeuge, dahinter ein Schubladenschränkchen, in dem Kragenknöpfe, Griffeinlagen, Locheisen, Druckknöpfe und vieles mehr Platz fanden. Ich entschied mich für eines der drei Grundmodelle, die Daniela Damm je nach Wunsch sehr variabel gestalten kann: eine Tasche mit schöner Beutelform, deren Gurte mit wenigen Handgriffen so veränderbar sind, dass man sie mit langem Schulterriemen, kurzen Henkeln oder sogar als Rucksack tragen kann. Und was das Beste ist: Man sieht der Tasche nicht an, dass sie so praktisch ist. Ich bin nämlich, was Mode und Accessoires angeht, kein Fan von zu viel Pragmatismus und mag darum eigentlich auch keine Rucksäcke.

Wir sprachen über Tragegewohnheiten, Kleidungsstil und über das Innenleben der Tasche: Wie viele Fächer sollen es sein? Wie viele davon mit Reißverschluss? Daniela Damm macht sich viele Gedanken über Details. Die Innenfächer sind prinzipiell tief, sodass auch große Portemonnaies und Smartphones darin verschwinden können. Für das Futter ihrer Taschen verwendet Daniela Damm robuste Baumwollstoffe, die leicht beschichtet sind und entsprechend viel aushalten. Dann breitete sie ein großes Stück Leder auf dem Tisch aus und legte Karten mit Farbmustern dazu. »Ich mache Taschen für Frauen, die wissen, wie ihre Tasche aussehen und was sie können soll«, erklärt sie. Etwa vier Wochen später konnte ich mein Exemplar abholen: ein Prachtstück aus schokoladenbraunem Rindsleder, das ich seither mal als Umhängetasche mit kurzen Riemen, mal als Kuriertasche mit langem Gurt und tatsächlich dann doch gelegentlich sogar auch mal als Rucksack trage.

54

Gestanzt, gedreht, gezopft

CARL TOPP BÜRSTEN

ADALBERTSTRASSE 11

60486 FRANKFURT

MO, MI 9.30-13.00 UHR, 14-18.30 UHR

DI, DO, FR 8.30-13.00 UHR, 14-18.30 UHR

SA 9-14 UHR

TEL. 069 778 795

WWW.CARL-TOPP.DE

Ich liebe Fach- und Spezialgeschäfte. Geschäfte, in denen es von einer Sache ganz viel gibt. Wo Kleinigkeiten, die man aber erst lernen und verstehen muss, den Unterschied machen.

»Eisen Werner« in der Wiesenstraße war ein solches Geschäft. Wie gerne hätte ich dort regelmäßig glänzende Schrauben, Muttern, Gewindestifte oder Unterlegscheiben gekauft. Die befanden sich alle lose in einem riesigen Schubladenschrank hinter der Theke, nach Art und Größe sortiert. Man kaufte sie stückweise. Aber leider brauche ich nur ganz selten mal eine Schraube oder Unterlegscheibe. Das Geschäft gibt es inzwischen nicht mehr, wie überhaupt

die Baumärkte die kleinen Fachgeschäfte in der Stadt immer mehr verdrängt haben. Aber fragen Sie mal im Baumarkt nach, womit man beispielsweise den Zahnkranz am Fahrrad am besten reinigt. Zum Glück gibt es Hansjörg Graf. In seinem Geschäft »Carl Topp Bürsten Pinsel Fußmatten«, das bereits sein Vater vor vielen Jahren vom ursprünglichen Eigentümer Carl Topp übernommen hat, gibt es Pinsel und Bürsten für jeden Zweck. Auch für den Zahnkranz vom Fahrrad. Sie hängen von der Decke und an den Wänden und stapeln sich in den Regalen: dreifach gebundene Erikabesen, Hofbesen, Spülbürsten und Schrubber. Gestanzte, gedrehte und gezopfte Bürsten. Pinsel zum La-

ckieren, Vergolden oder Aquarellieren. Schminkpinsel, Rasierpinsel und Ölstrichzieher. Dazu Topfkratzer, Fußmatten, Lappen und Eimer. Hansjörg Graf ist gelernter Bürstenmacher und blickt auf ein langes Leben zurück, in dem sich von Kindesbeinen an alles um Bürsten, Besen und Pinsel drehte. Seit über vierzig Jahren berät er seine Kunden. Früher hatte das Geschäft auch eine Werkstatt und drei Angestellte, die Pinsel und Bürsten fertigten. Viele Frankfurter Firmen haben bei ihm Spezialbürsten zum Reinigen von Rohren oder zum Säubern von Schweißnähten gekauft. Und nicht selten war dabei auch der Erfindergeist von Graf gefragt. Als man am Frankfurter Flughafen auf der Suche nach neuen Abdichtungen für die ausziehbaren Fluggastbrücken war, die nicht so anfällig wie die bislang eingesetzten Gummilamellen sein sollten, schlug Graf Dichtungsbürsten vor. Und hatte damit das Problem bis heute gelöst – wovon er sich gelegentlich, wenn er ein Flugzeug besteigt, überzeugt. Auch das Senckenberg Museum hat viel bei ihm bestellt: kleine Pinsel für die Präparate und ausziehbare Staubwedel aus Straußenfedern, um damit Giraffen und Elefanten abzustauben. Und im Städel Museum liegen Fußmatten von Graf.

Hansjörg Graf müsste nicht mehr in seinem Laden stehen, die Siebzig hat er längst überschritten. Aber irgendwie lassen ihn die Bürsten nicht los. Und das ist ein Glück, denn mit ihm wird irgendwann auch ganz viel Wissen über das Reinigen, Dichten, Pflegen und Polieren mit Besen und Bürsten verloren gehen.

Gleich nebenan hat »gramm.genau«, Frankfurts erster verpackungsfreier Laden, aufgemacht, in dem sich Kunden Linsen, Reis oder Müsli in mitgebrachte Behältnisse füllen lassen können. Und während ich noch denke: »Größer könnte der Kontrast gar nicht sein«, merke ich, dass es eigentlich in beiden Geschäften um dasselbe geht. Sowohl Besen und Bürsten, mit denen Dinge gepflegt und auf diese Weise erhalten werden, als auch der Verzicht auf Verpackungen tragen zu mehr Nachhaltigkeit bei.

55

Lucy, Zapfenglöckner und das Gummi-bärchen

SENCKENBERG MUSEUM
SENCKENBERGANLAGE 25
60325 FRANKFURT
MO - DI, DO - FR 9-17 UHR, MI 9-20 UHR,
SA - SO 9-18 UHR
TEL. 069 75420
MUSEUMFRANKFURT.SENCKENBERG.DE

Wenn ich mal wieder das Gefühl habe, der Schreibtisch biegt sich vor lauter wahnsinnig wichtigen Dingen, die am besten alle gleichzeitig erledigt werden sollten, und der Tag müsste drei oder vier Stunden mehr haben, dann gehe ich ins Senckenberg Museum. Der Anblick von Dinosauriern und Urvögeln, von Fossilien und Gesteinen beruhigt mich, rückt die Wichtigkeit der Dinge wieder ins rechte Licht und gibt auch der Zeit eine andere Dimension. Was ist schon ein dreistündiges Meeting angesichts eines 150 Millionen Jahre alten Supersaurus-Beins? Und was eine zehnminütige Verspätung verglichen mit einem 66 Millionen Jahre alten Quetzalcoatlus, der

was wir sind. Am Beispiel von »Lucy«, einem Skelett aus Ostafrika, lässt sich der aufrechte Gang studieren. In herrlich altmodischen Dioramen kann man Tiere in ihrer natürlichen Umgebung betrachten, ein wenig gruselig wird es in der Abteilung »Anatomie im Glas«. Aber wer wissen möchte, wie zum Beispiel das Gehirn eines Buckelwals aussieht, darf sich auch das nicht entgehen lassen. Besonders schön: Die in Formaldehyd haltbar gemachten Präparate stehen in einem alten Apothekenschrank – einer Schenkung des Betreibers der Bornheim-Apotheke im Prüfling. Eine gewisse Berühmtheit hat inzwischen auch der Vogel mit dem Einhorn erlangt: Der Zapfenglöckner mit seinem schneeweißen Gefieder hat eigentlich einen links oder rechts vom Schnabel herunterhängenden Hautlappen. Das wusste der Präparator aber nicht, als er den Vogel im Jahr 1886 haltbar machte, und drehte den Lappen zu einem Horn. Und so sieht der Zapfenglöckner jetzt aus wie ein Einhorn-Vogel.

mit einer Flügelspannweite von über zehn Metern weite Strecken im Segelflug zurücklegen konnte? Das Museum, das den Dreihornsaurier Triceratops zum Wappentier hat, ist inzwischen 200 Jahre alt. Entsprechend groß ist auch die Sammlung, deren Anfänge auf eine Stiftung des Arztes und Naturforschers Dr. Johann Christian Senckenberg im Jahre 1763 zurückgehen (siehe auch Lieblingsort Nr. 17). Es ist ein riesiges Archiv – der Erde, des Lebens und der Vielfalt. Alles, was wächst, kriecht, fliegt und schwimmt, wird hier dokumentiert. Und es macht Spaß, mit nur wenigen Schritten die Evolution zu durchschreiten. In einer der Dauerausstellungen erfährt man, wie wir wurden,

In der Mineraliensammlung gibt es ein weiteres Kuriosum zu entdecken: Machen Sie sich auf die Suche nach dem Gummibärchen. Hier hat sich ein Präparator vor Jahren einen Spaß erlaubt und ein grünes Gummibärchen in den ebenso grünen Malachit, ein Mineral aus dem Ural, gesetzt. Als ein Wissenschaftler es wiederum Jahre später entdeckte, sollte es entfernt werden – woraufhin die Besucher protestierten. Nun sitzt es weiter dort in seiner Gesteinsmulde und wartet darauf, zu versteinern.

Anschwimmen bei Schnee

FREIBAD HAUSEN
LUDWIG-LANDMANN-STRASSE 341
60488 FRANKFURT
OSTERN BIS MITTE OKTOBER
MO - SO 6.30-20 UHR, AB MITTE
SEPTEMBER BIS 19 UHR
TEL. 069 271 089 2000
WWW.FRANKFURTER-BAEDER.DE /
FREIBAD-HAUSEN

Sobald die Freibäder öffneten, mussten wir uns entscheiden. Ins Eschersheimer Schwimmbad – Vorteile: mit dem Rad von unserem Stadtteil aus leicht zu erreichen, herrlich langes Becken, tolle Wiesen, Riesenrutsche. Nachteile: keine. Außer, wenn Olli gesehen hatte, dass plötzlich die aus der Grundschule alle ins Eschersheimer gingen. Dann disponierten wir um und gingen ins Brentanobad – Vorteile: noch längeres Becken, große Jungs aus anderen Stadtteilen, tolle Wiesen auch zum Ballspielen. Nachteile: Irgendwer musste uns fahren, denn mit dem Rad oder auch mit Bus und Bahn war es etwas mühsam. Oder ins Hausener – Vorteile: eher ruhig und be-

schaulich. Nachteile: eher ruhig und beschaulich und: siehe Brentanobad. Somit war das Eschersheimer Schwimmbad lange Zeit unsere erste Wahl. Man könnte auch sagen: Die Kindheit und Jugend haben wir im Eschersheimer verbracht, dann kam die Phase des Brentanobads und spätestens ab dem Studium gingen wir ins Hausener, denn wir schätzten genau das, was uns als Jugendliche vielleicht manchmal abschreckte: das Familiäre, Unspektakuläre, Ruhige. Alle drei Bäder liegen übrigens an der Nidda, die sich vom Vogelsberg aus von Nordosten nach Südwesten erst durch Schotten, Nidda, Karben und Bad Vilbel und dann durch einige Frankfurter Stadt-teile schlängelt, um schließlich bei Höchst in den Main zu münden. Sowohl beim Brentanobad als auch beim Eschersheimer Schwimmbad sieht man der leicht gebogenen Beckenform noch an, dass sie ursprünglich Strandbäder waren. Bevor das Bad umgebaut wurde, schwammen wir im Eschersheimer tatsächlich noch im Altarm der Nidda – gemeinsam mit Fischen und Kaulquappen.

Ins Hausener kommt man vor allem, um zu schwimmen. Es ist nicht nur Frankfurts kleinstes Freibad, sondern nach der Winterpause deutschlandweit das erste Freibad, das aufmacht. Über viele Jahre war das Anschwimmen zur Saisoneröffnung immer an Karfreitag, seit ein paar Jahren ist der 1. April als fester Termin dafür vorgesehen. Die Lokalteile der Zeitungen berichten regelmäßig darüber, wenn sich die ersten Schwimmerinnen und Schwimmer bei Wind und Wetter ins 27 Grad warme Becken wagen. Es gibt Bilder vom Anschwimmen, da regnet oder schneit es sogar. Traditionell gibt es am Eröffnungstag ein gemeinsames Frühstück mit allen Besuchern. Einer der Stammgäste des Bades war Suhrkamp-Verleger Siegfried Unseld, der morgens gleich nach der Öffnung um 6 Uhr hier seine Bahnen zog und bis zu seinem Tod die Umkleidekabine mit der Nummer neun belegte. Und »Titanic«-Mitbegründer, Maler und Karikaturist Hans Traxler hat dem Bad mit seinem Bildergedicht »Ein Sturmtief überm Freibad Hausen« ein kleines Denkmal gesetzt, in dem ein Regenguss die Besucher aus dem Schwimmbad vertreibt: »Schon ist die Stätte wüst und leer. Jetzt mein Auftritt, bitte sehr! Elegant, fast wie ein Schwan, zieh ich einsam Bahn um Bahn.«

Niederursel und Nieder-Erlenbach

Der Himmel ist rot

GUSTAV-ADOLF-KIRCHE
EVANGELISCHE KIRCHENGEMEINDE
FRANKFURT NIEDERURSEL
ALT-NIEDERURSEL 30
60439 FRANKFURT
EIN TERMIN FÜR EINE BESICHTIGUNG
KANN UNTER TEL. 069 570 02 971 MIT
PFARRER MICHAEL-MAX STICHLING
VEREINBART WERDEN.
WWW.KIRCHENGEMEINDE-NIEDERURSEL.DE

TIPP

IM CAFÉ MUTZ IN ALT-NIEDERURSEL
GIBT ES SELBSTGEBACKENEN KUCHEN
UND ANDERE GUTE SPEISEN. IM SOMMER
SITZT MAN IM SCHÖNEN HOF UND KANN
SICH IN DIESER DÖRFLICHEN IDYLLE
GAR NICHT VORSTELLEN, DASS FRANK-
FURT EINE STADT MIT SKYLINE UND RUND
750 000 EINWOHNERN IST.

Die meisten Menschen mögen Veränderungen nicht besonders: Ob Wohnungseinrichtung, Urlaubsziel, Job oder die Aufhängung des Toilettenpapiers – es soll bitte alles so bleiben wie gewohnt. Wenn es dann auch noch etwas betrifft, was gefühlt schon immer so war, kann es Widerstände geben. Als man den Restaurator Thorsten Moser damit beauftragte, zu prüfen, wie sich das von Architekt Martin Elsaesser entwickelte Raumkonzept der Gustav-Adolf-Kirche wiederherstellen ließe, war die Aufregung in der Nieduruseler Gemeinde erst einmal groß. Wie Ernst May steht Elsaesser für das Neue Frankfurt der 1920er Jahre. Er hat in Frankfurt auch die

Großmarkthalle gebaut, auf der nun die Europäische Zentralbank mit ihren glänzenden Türmen sitzt.

Da es nur unscharfe Schwarz-Weiß-Fotos von der Kirche gab, musste Moser an vielen Stellen mit dem Skalpell vorsichtig die seit den 1950er Jahren aufgetragenen Farbschichten abtragen. Was er fand, war spektakulär: ein roter Himmel, blaue und violette Nischen, feuerrote Fensterrahmen. Dazwischen weiße Wände und Sichtbeton mit unterschiedlich bearbeiteten Oberflächen. Als dann auch noch klar wurde, dass die nachträglich angefertigten Fenster aus buntem Glas ebenfalls entfernt werden müssten, gab es Proteste. »Die Fenster«, erklärt Pfarrer Michael Stichling, »tauchten den Raum in rot-orangenes Licht. Das passte natürlich nicht zu Elsaessers Farbkonzept der Wände.« Bei der Renovierung wurden wieder Klarglasfenster eingesetzt, wie Martin Elsaesser sie vorgesehen hatte. Selbst in den 1920er Jahren war dies wie auch die gesamte Kirchenarchitektur ungewöhnlich. Man muss sich das vorstellen: Niederursel ist mit den vielen Höfen und Fachwerkhäusern und einem kleinen Bach, dem Urselbach, eigentlich ein Dorf. Anfang der 1960er Jahre hat man zwar in unmittelbarer Nachbarschaft einen knallmodernen Stadtteil, die Nordweststadt, gebaut, aber als Martin Elsaesser 1927/28 mit dem Entwurf einer neuen Kirche beauftragt wurde, war die Entscheidung für seinen Vorschlag mehr als mutig: eine achteckige Betonkirche mit Kupferdach und – wie wir heute wieder wissen – lebhaft buntem Innenraum. Die Vorgängerkirche war zu klein geworden und zudem baufällig. Elsaesser hatte sie als Taufkapelle, gleich links neben dem Eingang gelegen, in seinen Entwurf integriert. Noch sieht man der Kirche, die auf einem kleinen Hügel mitten in Niederursel steht, zumindest von außen nicht an, welch spektakulären Innenraum sie hat. Aber auch die Fassade soll demnächst wieder in den ursprünglichen Zustand versetzt werden – hierfür sah Martin Elsaesser aber eher Weiß- und Grautöne vor. Die Gemüter der Gemeindemitglieder haben sich inzwischen beruhigt, man hat sich an den farbenfrohen Innenraum gewöhnt. Es gibt sogar einige, die sagen, die Kirche sei jetzt fast noch ein bisschen schöner als vorher. »Der helle, freundliche Raum hat auch Einfluss auf meinen Gottesdienst«, sagt Pfarrer Stichling und hat im Zuge der Renovierung die frontale Bestuhlung aufgehoben. Die Stüh-

le – zum Teil auch noch von Martin Elsaesser entworfen – stehen jetzt in einem großen Kreis, den der achteckige Grundriss vorgibt. Stichling will auch, dass der Kirchhof mit Wiese und uraltem Baum von den Niederurselern rege genutzt wird. »Wenn sie hier Picknick machen oder sich sonnen wollen: Bitte schön. Wenn dabei mal was kaputtgeht, dann ist das eben so«, lacht er. Er wünscht sich einfach einen lebendigen Ort für seine Gemeinde. Niederursel war übrigens lange zweigeteilt und gehörte sowohl zu Frankfurt als auch zu Solms-Rödelheim, einer Grafschaft, deren Territorium sich vom frühen 17. Jahrhundert bis zum Beginn des 19. Jahrhunderts von Rödelheim im Westen bis nach Assenheim im Osten erstreckte. Davon zeugen bis heute die zwei Rathäuser. Das Gefängnis war direkt unter der Kirche. Noch immer befindet sich an den alten Grundmauern die Prangerkette, an die man die Verbrecher zum Gespött der Bürger legte, bevor man sie in den Keller sperrte.

58

Unterm Apfelbaum

OBSTHOF AM STEINBERG
SCHOPPENWIRTSCHAFT
DI NACH OSTERN - 31.OKT.
DO - FR 15-22 UHR,
SA - SO, FEIERTAGS 11-22 UHR
1. NOV. - EINSCHL. OSTERMONTAG
SA 11-20 UHR, SO 11-18 UHR
HOFLADEN
DI NACH OSTERN - 31.OKT.
MO - SO, FEIERTAGS 9-19 UHR,
1. MAI GESCHLOSSEN
1. NOV. - EINSCHL. OSTERMONTAG
MO - FR 11-18 UHR, SA - SO 10-18 UHR
TEL. 06101 41 522
OBSTHOF-AM-STEINBERG.DE

Hier, in Frankfurts nördlichstem Stadtteil Nieder-Erlenbach, sitzt man einfach unter Apfelbäumen, trinkt einen Hausschoppen oder gönnt sich einen Jahrgangsapfelwein – zum Beispiel vom Boskoop oder der Goldparmäne – und schaut dem Gras beim Wachsen oder dem Getränk im Glas beim Funkeln zu. Die Holztische und -bänke stehen auf den Streuobstwiesen im hohen Gras und wenn es zu sonnig oder zu schattig wird, schleppt man sie einfach ein paar Meter weiter. Auf insgesamt sechzehn Hektar pflanzen, pflegen und ernten Andreas Schneider und sein Team über hundert verschiedene Apfelsorten – seit 1994 in kontrolliert biologischem Anbau. Sie warten,

bis die Bäume die reifen Früchte freigeben, lesen sie von Hand auf und keltern daraus köstliche Weine, Schaumweine und Säfte. Andreas Schneider liegen besonders die alten, aromatischen Sorten wie Ananasrenette, die vom Aussterben bedrohte Goldrenette oder der sehr seltene Kaiser Wilhelm am Herzen. Sie sind häufig intensiver im Geschmack, weniger anfällig für bestimmte Krankheiten und auch für Allergiker bekömmlicher.

Wenn der erste Schoppen nicht mehr im Glas funkelt und man sich einen zweiten gönnt, empfiehlt sich vielleicht ein Blick in die Speisekarte: Die »Schoppenwirtschaft« hält auch eine Reihe schmackhafter Gerichte bereit.

So gibt es Käse aus ausgesuchten Käsereien, Würste von Biohof-Metzgereien und im Winter auch Raclette und frisch gebackene Waffeln. Und wenn man dann durch das Trinken einiger Schoppen seinen wertvollen Beitrag zur Erhaltung der heimischen Streuobstwiesen geleistet hat, kann man sich im Hofladen noch mit frischem Obst, Bränden und Weinen eindecken. Bei Führungen über die Streuobstwiesen teilt Andreas Schneider gerne sein umfassendes Wissen über den Apfel, dessen lateinischer Name übrigens »malus domestica« lautet – womit wir sogleich bei Adam, Eva und dem Sündenfall wären, denn »malus« heißt auch: das Böse.

Bornheim und Seckbach

Traditionelles und Neues am Hang

BORNHEIMER RATSKELLER
KETTELERALLEE 72
60385 FRANKFURT
DI - SA 17-22.30 UHR, SO 12-22 UHR
TEL. 069 793 70 300
WWW.RATSKELLER-BORNHEIM.DE

Bornheim wurde früher wegen seiner vielen Gaststätten und Tanzlokale, aber auch wegen des einen oder anderen Freudenhauses, das es hier gab, das »lustige Dorf« genannt. Ganz so lustig ist es heute allerdings nicht mehr. Einige Lokale wie etwa die »Eulenburg« gibt es nicht mehr und die »Sonne«, so liest man, soll abgerissen werden. Zwei traditionsreiche Volksfeste aber haben es bis in die Gegenwart geschafft: Die Bernemer Kerb – ursprünglich das Bornheimer Kirchweihfest – gehört zu den ältesten Frankfurter Festen. Und die Dippemess auf dem Festplatz am Ratsweg war früher eine Verkaufsmesse für Schüsseln und Töpfe – Dippe –,

zu der die Töpfer aus dem Umland kamen, und ist inzwischen zu einem riesigen Volksfest mit zahlreichen Fahrgeschäften geworden.

Auch der oberhalb des Ratswegs gelegene Bornheimer Ratskeller mit großem Garten, in dem zu besten Zeiten eine Kapelle zum Tanz spielte, stand zwischenzeitlich schon einmal ein paar Jahre leer. Das unter Denkmalschutz stehende Gebäudeensemble umfasst neben der Gaststätte und dem Garten auch ein spätklassizistisches Wohnhaus sowie einen wehrartigen Eckturm. Als der Ratskeller 2012 schloss, brodelte die Gerüchteküche: Ein Schwimmbad, vermuteten die einen, würde es in dem historischen Gebäude geben. Andere tippten auf einen Supermarkt und wieder andere meinten, etwas von einem Scientology-Schulungszentrum gehört zu haben. Nichts von alldem hat sich bewahrheitet.

Mario Furlanello, waschechter Bornheimer und in unmittelbarer Nachbarschaft des Ratskellers aufgewachsen, hat aus der arg in die Jahre gekommenen Wirtschaft am Bornheimer Hang ein modernes Lokal mit konsequent regionaler Küche gemacht. Auf der Speisekarte stehen einfache hessische und Frankfurter Gerichte, die er und sein Team mit hohem Aufwand zu feinen Speisen werden lassen. Und da er nicht nur Koch, sondern auch Metzger ist, macht er von der Brühe bis zur Wurst alles selbst. Schinken und Würste werden zum Trocknen im Turm aufgehängt. Das frische Gemüse, die Kräuter für die Grüne Soße und die Kartoffeln bezieht er von regionalen Anbietern. Seine Verbundenheit zu Bornheim zeigt sich auch im Logo, das Mario Furlanello sich für den Ratskeller hat entwerfen lassen: Es ist eine schmale und mit Ornamenten verzierte Wolfsangel – das Wappen von Bornheim, das Unwissende ohne die Verzierungen allzu leicht als Zeichen aus finsteren Zeiten deuten könnten. Wenn es dunkel wird und nur die schönen weißen Kugellampen leuchten, die im Biergarten des Bornheimer Ratskellers hängen und liegen, sieht man es manchmal: das Flutlicht aus dem Stadion des Regionalligisten FSV Frankfurt am Bornheimer Hang. Der zweite große Fußballclub der Stadt war zeitweise erfolgreicher als die »Schlappekicker« der Eintracht – so genannt wegen eines Sponsors in den 1920er Jahren, der Hausschuhe herstellte. Und die Frauenfußballmannschaft des FSV hat viele bekannte Spielerinnen wie etwa Saskia Bartusiak, Steffi Jones oder Birgit Prinz hervorgebracht.

60

Der östlichste Zipfel des Rheingaus

LOHRPARK UND LOHRBERG
60389 FRANKFURT
PARKEN: PARKPLATZ AM BERGER WEG

TIPP

DAS MAINÄPPELHAUS AM ÖSTLICHEN RAND
DES LOHRBERGS IST EIN GEMEINNÜTZIGES
STREUOBSTZENTRUM MIT GARTENLOKAL
UND HOFLADEN. BESONDERS EMPFEHLENS-
WERT: DER HONIG VON DEN LOHRBERGER
STREUOBSTWIESEN, DER NATURTRÜBE
APFELSAFT UND DER APFEL-ESTRAGON-SENF
AUS EIGENER HERSTELLUNG.

Der Lohrberg ist Frankfurts Hausberg. Mit 185 Metern ist er nicht besonders hoch, trotzdem bietet er spektakuläre Blicke über die Mainebene hinweg bis zu den Erhebungen von Spessart und Odenwald. Die Frankfurter Skyline scheint von hier aus merkwürdig entrückt. Und wenn Dippemess ist, das traditionsreiche Volksfest auf dem Festplatz am Ratsweg (siehe Lieblingsort Nr. 58), hat man vom Lohrberg aus einen tollen Blick auf das Feuerwerk. Auf der großen Wiese, die von prächtigen alten Bäumen gesäumt wird, breiten im Sommer viele Familien ihre Picknickdecken aus, im Herbst kann man aufgrund der Höhenlage auch gut Drachen steigen

lassen und im Winter, wenn es geschneit hat, sogar rodeln. Im schönen Gartenlokal, der »Lohrberg-Schänke«, gab es früher den besten Zwetschgenkuchen weit und breit. In den 1950er Jahren, so wird erzählt, kamen vor allem Schauspieler und die Musiker des Tanzorchesters des Hessischen Rundfunks in Frankfurts höchstgelegene Gaststätte. Nach einigen Pächterwechseln war das Lokal dann arg in die Jahre gekommen. Inzwischen wurde die »Lohrberg-Schänke« von Grund auf saniert und aufwändig renoviert. So kam etwa in einem der hinteren Räume die schöne Holzvertäfelung aus der traditionsreichen »Eulenburg«, einem ehemaligen Apfelweinlo-

kal in der Eulengasse, zu neuen Ehren. Das Essen ist gut und die »Lohrberg-Schänke« längst wieder zu einem beliebten Ausflugslokal geworden. Vor allem im Sommer herrscht hier Hochbetrieb.

Was viele nicht wissen: Frankfurt ist tatsächlich der östlichste Zipfel des Rheingaus. Hier in südlicher Lage am Lohrberger Hang wachsen Rieslingtrauben, die jedes Jahr vom Weingut der Stadt Frankfurt zu meist trocken ausgebauten Weinen verarbeitet werden. Sie werden bei offiziellen Anlässen der Stadt ausgeschenkt und können auch über das Städtische Weingut erworben werden. Man sagt, der 2018er sei ein besonders guter Jahrgang.

61

Satire und Schnaps

SATIRE-DORFKRUG HENSCHEID
MAINKURSTRASSE 27
60385 FRANKFURT
SO, MO – DO 18-01 UHR,
FR – SA 18-02 UHR
TEL. 069 430 51 888
HENSCHEID-FRANKFURT.BUSINESS.SITE

TIPP

DIE BERGER STRASSE IST EINE BELIEBTE
EINKAUFSSTRASSE MIT VIELEN KLEINEN
GESCHÄFTEN UND KNEIPEN. SIE VERLÄUFT
RUND DREI KILOMETER VON DER FRIEDBER-
GER ANLAGE IM SÜDEN NACH NORDOSTEN
DURCH DEN ALTEN DORFKERN VON BORN-
HEIM MIT SEINEN FACHWERKHÄUSERN
UND DER BAROCKEN JOHANNISKIRCHE
BIS AN DIE STADTTEILGRENZE ZU SECK-
BACH. VERBINDEN SIE EINEN SPAZIERGANG

ÜBER DIE BERGER STRASSE UNBEDINGT MIT
EINEM BESUCH DES BESCHAULICHEN BETH-
MANNPARKS, ZU DEM AUCH DER »GARTEN
DES HIMMLISCHEN FRIEDENS« GEHÖRT.
PARK UND GARTEN VERBERGEN SICH HIN-
TER EINER HOHEN MAUER AM ANFANG DER
BERGER STRASSE.

BETHMANNPARK
FRIEDBERGER LANDSTRASSE 8
60316 FRANKFURT
MO - FR 7 UHR - EINBRUCH
DER DUNKELHEIT
SA, SO 10 UHR - EINBRUCH
DER DUNKELHEIT

Die Dichte an Satirikern war
und ist in Frankfurt recht hoch.
Friedrich Stoltze, die Zeitschrif-
ten »pardon« und »Titanic« und
dann natürlich die Neue Frank-

furter Schule, zu deren Gründungsmitgliedern auch Eckhard Henscheid gehört, pflegten und pflegen die feine Kunst der Hochkomik. Nach Henscheid ist auch die Bornheimer Eckkneipe benannt, der Satire-Dorfkrug, in dem es junge Frankfurter Küche, Satire und Schnaps gibt. Das Lokal war ursprünglich auf der Berger Straße. Da hieß es aber noch »Klabunt«. Als das Haus 2014 abgerissen wurde, suchte man einen neuen Standort, wurde in der nicht weit entfernten Mainkurstraße fündig und beschloss, dem Ganzen auch einen neuen Namen zu geben. So kam man auf »Henscheid«. Der Autor und Satiriker Eckhard Henscheid verfasste die »Trilogie des

laufenden Schwachsinns« mit den Bänden »Die Vollidioten«, »Geht in Ordnung – sowieso – genau« und »Die Mätresse des Bischofs«, mit deren erstem Teil er nebenbei das Genre des Kneipenromans etablierte. Henscheid ist einer der Gründerväter der Satirezeitschrift »Titanic«, hatte eine Weile eine Kolumne in der »Zeit«, in der er regelmäßig und leidenschaftlich gegen die Schriftstellerin Luise Rinser lederte, die er abwechselnd Ruis Linser, Ruile Nieser oder auch Luise Rinnsal nannte, schreibt klug über Fußball und ist auch sonst nicht leicht einzuordnen in einen Kulturbetrieb, der die Dinge gern mit Labels versieht. Literaturkritiker Marcel Reich-

Ranicki nannte ihn einst »Idiot«. Henscheids Revanche: »Literaturpapst? Kegelbruder!« Zur Eröffnung des »Henscheid« war der Namensgeber natürlich auch geladen und las seine herrlich böse Erzählung »Die Wurstzurückgehlasserin«. Seit seiner Gründung in der Berger Straße ist das Lokal auch Stammkneipe der »Titanic« und sogar die inoffizielle Wahlkampfzentrale des Kandidaten Oliver Maria Schmitt (Die Partei).

Beim Essen hört allerdings der Spaß auf, könnte man meinen. Nicht so im »Henscheid«. Im Gegenteil. Wenn man sich erst mal durch die vielen Cartoons in der Speisekarte gekichert und gelacht hat, warten viele leckere Gerichte auf den hungrigen Gast. Das Frankfurter Schnitzel in Kräuterpanade ist legendär, die Chili-Ingwer-Frikadellen mit Grüne-Soße-Pesto sind gewagt, aber gut. Dazu gibt es süffiges Schlappeseppel-Bier aus Aschaffenburg und Hessenquell-Landbier aus Lich. Und natürlich Schnaps und gehaltvolle Mischgetränke wie den »Offenbach Libre« – »der Frankfurter Freiheitstrunk gegen die Eingemeindung unserer geliebten Nachbarstadt«. Weitere Speisen finden sich auf der Tageskarte wie etwa Gyros von der Bauernbratwurst mit Gurken-Apfel-Tsatsiki im Fladenbrot aus der Serie: »Speisen der Völkerverständigung – griechisch-hessische Fjuschnnn«. Wie auch schon im »Klabunt« gibt es im »Henscheid« regelmäßig Veranstaltungen und Lesungen. An einer Wand im ehemaligen »Klabunt« habe ich übrigens einst meinen Lieblingscomic entdeckt. Er stammt von Kittihawk: Zwei Männer stehen sich gegenüber. Der eine trägt einen dampfenden Haufen auf dem Kopf und erklärt mit ernster Miene: »Hier handelt es sich um Klugscheiße! ... falls Ihnen dieser Begriff überhaupt etwas sagt ...«

62

Vom Bembel ins Gerippte

APFELWEINLOKAL ZUM RAD
LEONHARDSGASSE 2
60389 FRANKFURT
MO, MI - SA 17-00 UHR, SO 12-00 UHR
TEL. 069 479 128
WWW.ZUM-RAD.DE

Es gibt keinen besseren Ort, um das Wesen der Frankfurter zu studieren und natürlich auch, um mit ihnen ins Gespräch zu kommen, als beim Apfelwein. In den Wirtschaften ist es naturgemäß recht laut. Man sitzt an langen Tischen, unterhält sich und rückt zusammen, wenn es voller wird. Die Kellner sind meist von bis an Unfreundlichkeit grenzender Direktheit. Die Frage »Wollt Ihr noch was?« gehört hier noch zum guten Ton. Insgesamt gelten die Frankfurter ja nicht als besonders freundlich. Immer wieder führt die Stadt internationale Ranglisten der Unfreundlichkeit an. Vielleicht liegt es am Dialekt. Das Frankfurterisch klingt bisweilen etwas

grob und bestimmte Wendungen – »Hammers bald?« – wirken ungehobelt. Aber, wie man in Frankfurt sagt: »Bevor isch misch uffreesch, isses mer lieber egal.« Zudem ist man nicht überschwänglich, sondern eher zögerlich. Doch so nach dem dritten Schoppen sind Gespräche auch mit Fremden möglich und durchaus erwünscht – man will ja schließlich wissen, was andere in die schöne Stadt am Main verschlagen hat – und warum sie nicht schon viel früher gekommen sind.

Die ältesten Apfelweinlokale – nein, es heißt nicht »Apfelweinstuben«, aber das nur am Rande – gibt es in den Stadtteilen Bornheim und Sachsenhausen. Und auch Seckbach wartet mit einem traditionsreichen Lokal auf, das zu jeder Jahreszeit einen Ausflug in den von Fachwerkhäusern geprägten Stadtteil lohnt. Das »Zum Rad« hat eine gemütliche Gaststube mit viel Holz und einen herrlichen Garten mit großen schattenspendenden Kastanien. Der Apfelwein wird traditionell selbst gekeltert, der größte Teil davon lagert sogar noch in alten Eichenfässern. Und die Küche wartet mit allem auf, was Frankfurter Herzen höher schlagen lässt: Typische Frankfurter Gerichte sind etwa Handkäs' mit Musik – ein Käse aus Magerquark, eingelegt in Essig und Öl. Die Zwiebeln sorgen für die Musik. Man isst den Handkäs' übrigens ohne Gabel – nur mit dem Messer. Dann Solber oder Rippchen mit Kraut, Haspel – ein Eisbein, das es gekocht oder gegrillt gibt, und natürlich Grüne Soße mit vier halben Eiern oder mit gekochter Ochsenbrust. Der Apfelwein dazu kommt in 4er-, 5er-, 7er- oder 10er-Bembeln aus Steingut, in denen er immer genau die richtige Temperatur behält. Traditionell hat das Gerippte, also das Apfelweinglas, ein Volumen von 0,3 Liter, in einem 4er-Bembel sind entsprechend vier Schoppen, also 1,2 Liter. Viele Wirtschaften schenken den Apfelwein heute allerdings in 0,25 Liter-Gläsern aus – wodurch ein 4er-Bembel automatisch nur noch 1 Liter Apfelwein enthält. Im »Rad« stehen selbstverständlich 0,3-Liter-Gläser auf dem Tisch und der kleinste Bembel ist hier der 5er. Man kann den Schoppen auch als Gespritzten, verdünnt mit Wasser, trinken. Ein »Süßgespritzter« – also eine Mischung mit Limonade – ist unter echten Frankfurtern verpönt. Und nach dem Essen bestellt man sich gerne noch das eine oder andere Mispelchen: eine kleine, eingelegte Mispel mit etwas Calvados. Keine Sorge: Die Fahrpläne für den Bus, der Sie wieder sicher nach Hause bringt, hängen im »Rad« am Tor aus.

Schwanheim
und Höchst

63

BUS 51 ALTER SCHWANHEIMER FRIEDHOF, DANN CA.10 MINUTEN FUSSWEG
TRAM 11 BOLONGARO PALAST, DANN MIT DER MAIN-FÄHRE NACH SCHWANHEIM

Hinter der Stadt liegt das Meer

SCHWANHEIMER DÜNE
HÖCHSTER WEG 70
60529 FRANKFURT
TEL. 069 212 39 100

Es war Frühling, aber noch nicht warm. Der Himmel war tiefblau und komplett frei von Kondensstreifen. Der Ausbruch des isländischen Vulkans Eyjafjallajökull sorgte dafür, dass der Flugverkehr über mehrere Tage eingestellt wurde. Das gesamte Rhein-Main-Gebiet war durch das Fehlen der Flugzeuge in eine merkwürdige, leicht flirrende und irgendwie unwirkliche Stimmung getaucht. Meine Schritte auf dem Holzbohlenweg, der sich quer durch die Düne schlängelt, waren das lauteste Geräusch in dieser bizarren Landschaft – nur wenige Kilometer vom Stadtzentrum entfernt. Es knisterte, raschelte, zischte, gelegentlich schwirrte,

summte und säuselte es. Sobald ich stehen blieb, schien auch die Natur zu verstummen.

Die Schwanheimer Düne ist eine der wenigen Binnendünen Europas – entstanden nach der letzten Eiszeit aus verwehtem Sand aus dem Flussbett des Mains. Ursprünglich wuchs hier ein Wald, der erst Schädlingen, dann Stürmen und schließlich den Bauern zum Opfer fiel, die im 18. Jahrhundert lieber Kirschbäume anpflanzten. Nach einigen Trockenperioden verschwanden die Obstbäume größtenteils wieder, und ab Mitte des vergangenen Jahrhunderts lag die Düne brach. Sie begann zu wandern und strandete schließlich dort, wo sie noch heute ist. So konnten sich im Laufe der Jahrzehnte die typischen und sehr seltenen Binnendünenpflanzen wie Silbergras, Bauernsenfe und Strand-Grasnelke entwickeln. Auch Kiefern mit knochigem Wuchs halten sich auf dem mageren Boden. Für Pflanzen und Tiere ist die Düne ein Paradies, und zahlreiche Schautafeln informieren darüber, wen und was man vom Bohlenweg aus beobachten kann. Hier tummeln sich Echsen und Schmetterlinge, im Frühjahr kann man Gartenrotschwanz, Nachtigall und Pirol beobachten. Die Schmitt'sche Grube, einst eine Kiesgrube, ist inzwischen ein beliebter Rückzugsort für Kormorane, Eisvögel, Flussregenpfeifer, Haubentaucher und andere gefährdete Vogelarten. Aber auch Grasfrösche, Wechselkröten und Teichmolche haben sich angesiedelt. Die alten Bäume der Streuobstwiesen dienen Höhlenbrütern wie Steinkauz und Wendehals als Brutplätze. Gelegentlich hüpft ein Feldhase durchs Gras – und längst fliegen in gebührender Distanz auch die Flugzeuge wieder, die aber dem Zauber dieser besonderen Landschaft nichts anhaben können.

Eine Kathedrale des Lichts

PETER-BEHRENS-BAU
INDUSTRIEPARK HÖCHST
BRÜNINGSTRASSE 45
65929 FRANKFURT
INFOS ZU FÜHRUNGEN :
WWW.IHR-NACHBAR.DE / DE / HOME /
IHR_NACHBAR / BESUCHERINFOS / PETER-
BEHRENSBAU / INDEX.HTML

TIPP

DAS WOHNHAUS VON PETER BEHRENS -
VON IHM SELBST ENTWORFEN - BEFINDET
SICH AUF DER MATHILDENHÖHE IM RUND
30 KILOMETER WEIT ENTFERNTEN DARM-
STADT, IM ALEXANDRAWEG 17.

WEITERE INFORMATIONEN ZUM WOHNHAUS
VON PETER BEHRENS :
HTTPS ://WWW.MATHILDENHOEHE-DARM
STADT.DE / MATHILDENHOEHE / GEBAEUDE-
OBJEKTE / HAUS-BEHRENS-12 / SHOW/

Wo vor über einhundert Jahren noch die viel befahrene Straße von Frankfurt am Main nach Mainz verlief, steht eines der schönsten Gebäude der Industriegeschichte: In den 1920er Jahren vom Architekten und Designer Peter Behrens entworfen, war der Peter-Behrens-Bau lange Zeit das technische Verwaltungsgebäude der ehemaligen Hoechst AG, heute befinden sich hier die Büros von Infraserv, der Betreibergesellschaft des Industriepark Höchst. Es ist also nach

wie vor ein Ort, an dem gearbeitet wird. Aber was für einer! Es hat etwas Rauschhaftes, durch dieses Gebäude zu gehen. Ich ertappe mich dabei, wie ich Handläufe streichle und Türbeschläge zärtlich berühre. Ich befühle blaue, rote und grüne Backsteine, gleite mit den Fingern über die Schmuckgitter an den Türen. Alles ist schön hier, ohne dabei gefällig zu sein. Es ist eher eine geistige Schönheit, die nicht bestaunt, sondern verstanden werden möchte. Jedes Detail hat eine Bedeutung. Die kristallinen Formen und die intensiven Farben, die den beiden Forschungs- und Entwicklungsschwerpunkten der Hoechst AG – Pharmazie und Farben – Tribut zollen. Die Abstraktion von Werkzeugen aus Industrie und Handwerk, die daran erinnern, dass Menschen hier Dinge erdacht und erschaffen haben. Atemberaubend: der spektralfarbig gestaltete Lichthof und die Kuppelhalle mit den drei kristallartigen Glaskuppeln. Ein kleiner architektonischer Trick lässt die Halle sehr viel höher wirken, als sie tatsächlich ist: Die Deckenhöhen und entsprechend die Balustraden werden mit jeder Etage niedriger und auch die Lampen werden nach oben hin kleiner.

Ein metallener Rollwagen, den jemand mit viel Gepolter quer durch die Halle über das alte Gestein schiebt, und das leise Rumpeln der Paternoster erinnern daran, dass man sich tatsächlich in einem Bürohaus und nicht in einem Museum oder gar einer Kirche befindet. Die Paternoster tun hier übrigens seit 1924 ohne Unterbrechung ihre Dienste und gehören mit denen im Universitätsgebäude am Campus Westend (siehe Lieblingsort Nr. 16) zu den letzten ihrer Art in Frankfurt, die noch in Betrieb sind.

Ein Garten am Pilgerweg

GARTEN DER JUSTINUSKIRCHE

JUSTINUSPLATZ 3

65929 FRANKFURT

GARTEN APRIL BIS OKTOBER

DI – SO 14-17 UHR

KIRCHE AUCH NOVEMBER BIS MÄRZ

SA - SO 14-16 UHR

TEL. 069 339 99 615

WWW.JUSTINUSKIRCHE.DE

TIPP :

IN DER ZWEITÄLTESTEN PORZELLAN-MANUFAKTUR DEUTSCHLANDS ERFÄHRT MAN ALLES ÜBER DAS WEISSE GOLD, DAS MODELLIEREN KUNSTVOLLER FIGUREN UND DIE AUFWÄNDIGEN MALEREIEN. UND IM SHOP KANN MAN NICHT NUR DIE WUNDERSCHÖNEN ESPRESSOTASSEN MIT MOTIVEN DER MARIA SIBYLLA MERIAN ERSTEHEN, SONDERN AUCH REPRODUKTION HISTORISCHER PORZELLANKUNST, LIMITIERTE EDITIONEN, SAMMELSTÜCKE SOWIE ZEITGENÖSSISCHE PORZELLANKUNST.

HÖCHSTER PORZELLAN-MANUFAKTUR 1746 GMBH

PALLESKESTRASSE 32

65929 FRANKFURT

TEL. 069 300 902-0

WWW.HOECHSTER-PORZELLAN.DE

Der kleine Blumen- und Kräutergarten hinter der dicken Justinuskirche aus dem 9. Jahrhundert, dem ältesten Bauwerk von Frankfurt, gehört zu den schönsten Gärten der Stadt. Und damit kein Missverständnis aufkommt: Ja, er ist in Höchst, und Höchst wurde bereits 1928 eingemeindet. Hier direkt am Jakobsweg

zwischen Frankfurt und Mainz wachsen und gedeihen ab Februar Krokusse, Salomonssiegel, Schöllkraut, Bauernpfingstrose, Blauer Natternkopf, Kümmel, Kriechender Hahnenfuß, Schwarze Platterbse, Alant, Gundermann, Johanniskraut, Disteln, Akanthus und vieles mehr. Selbst aus den Fugen der Steine am Boden rankt und sprießt es, und wäre da nicht das kleine Hinweisschild »Goldlack« – ich hätte es für Unkraut gehalten. Im Frühjahr und Sommer summt und brummt es, gelegentlich kommt ein Kinderlachen vom benachbarten Spielplatz über die Mauern. Ansonsten ist man alleine und kann sich in Ruhe dem Wirkenlassen hingeben. Das Blatt der Akanthuspflanze wächst nicht nur ab Juni im Garten, es findet sich auch an den Säulen im Inneren der Kirche. Akanthusblätter sind seit der Antike ein klassisches Motiv der Ornamentik. Wer über die Mauer des Gartens schaut, blickt weiter unten auf die Fähre, die den Stadtteil Schwanheim mit Höchst verbindet. Der Garten ist der ehemalige Friedhof der Antonitermönche, mit deren Orden die Justinuskirche bis heute eng verbunden ist. Daran erinnern die historischen Grabplatten, die an der Kirchenmauer lehnen. Anlässlich des 300. Todesjahres von Maria Sibylla Merian pflanzte man im Garten Blumen und Pflanzen gemäß ihrer Bilder an, und die Höchster Porzellan-Manufaktur, die auch eine Dependance in der neuen Frankfurter Altstadt hat, hat eine sehr schöne Reihe von Espressotassen mit Motiven der Merian aufgelegt.

Der Weg zur Kirche mit ihrem fabelhaften Garten führt durch die idyllische Höchster Altstadt. Die engen Gässchen, die historischen Gebäude und das Höchster Schloss mit seinem markanten Turm täuschen allerdings darüber hinweg, dass der Stadtteil im Frankfurter Westen schon bessere Zeiten gesehen hat: Das einstmals reiche Höchst hatte unter anderem mit dem Niedergang der Hoechst AG in den 1990er Jahren schwer zu kämpfen. Viele Geschäfte mussten schließen, viele Höchster zogen daraufhin in den Taunus. Doch ein städtebauliches Förderprogramm sorgt aktuell dafür, dass sich im Stadtteil wieder einiges zum Guten entwickelt. Der Eingang zum Garten liegt etwas versteckt. Gehen Sie durch den Vorgarten des Pfarrhauses rechts und dort durch die Gittertür. Der Garten liegt zwischen Kirche und Main.

Offenbach

Am Rande des Universums

UNIVERSUM, INSTALLATION
NORDRING, GEGENÜBER HAUS NR. 70
63067 OFFENBACH
GROESCHMETZGER.DE / UNIVERSUM

TIPP :

HAFEN 2 IST EIN SEHR ENTSPANNTES CAFÉ UND KULTURZENTRUM AM MAIN. ALLES WIRKT AUF SYMPATHISCHE ART EIN WENIG IMPROVISIERT. IM SOMMER SITZT MAN AUF DEM WEITLÄUFIGEN GELÄNDE IM GRÜNEN, UND ES SCHLURFEN SCHON MAL EIN PAAR NEUGIERIGE GÄNSE ODER SCHAFE VORBEI. AUF DER KARTE STEHEN BELEGTE BROTE, QUICHE, BREZELN UND IN DER KALTEN JAHRESZEIT AUCH SELBSTGEMACHTE SUPPEN. JE SCHÖNER DAS WETTER IST, DESTO GRÖSSER FÄLLT ZUDEM DIE AUSWAHL AN KUCHEN AUS. GANZJÄHRIG STEHEN KON-ZERTE, LESUNGEN, AUSSTELLUNGEN UND THEATER AUF DEM PROGRAMM. DAS OPEN-AIR-KINO IM SOMMER DIREKT AM WASSER IST LEGENDÄR.

HAFEN 2
NORDRING 129
63067 OFFENBACH
HAFEN2.NET

Wer nach Frankfurt kommt und einen Blick auf das Universum werfen möchte, muss über die Stadtgrenze hinweg nach Offenbach fahren. Das mag für Fremde ein leichtes Unterfangen sein, die Grenzen sind ja zumindest geografisch betrachtet beinahe fließend – für echte Frankfurterinnen und Frankfurter ist es das nicht. Dazu muss man wis-

sen, dass Frankfurterinnen und Frankfurter quasi von Geburt an eine sanfte Aversion gegen Offenbach hegen, die persönlich zwar völlig unbegründet ist, aber dennoch tief sitzt und liebevoll gepflegt wird. So ruft es von den Wagen des Karnevalszugs in Klaa Paris (so wird der Stadtteil Heddernheim im Karneval genannt): »Frankfurt? Helau! Offenbach? Pfui!« Keine Ahnung, warum. Aber als Kinder haben wir natürlich lauthals mitgerufen. Eine Redensart, mit der man früh konfrontiert wird, lautet: »Krieh die Kränk, Offebach!« Der Legende nach stammen diese Worte von einem Frankfurter, der in Offenbach von freilaufenden Hunden belästigt wurde.

Er wollte einen Stein aufheben, um ihn nach den Tieren zu werfen, doch dieser war festgefroren. Daraufhin soll er gerufen haben: »Krieh die Kränk, Offebach! Die Staa binne se aa, die Hunde lasse se laafe.« Auf Hochdeutsch ungefähr: »Verdammt, Offenbach! Die Steine binden sie an, die Hunde lassen sie laufen.« Dann geht es weiter mit dem Autokennzeichen: »OF« heißt natürlich »ohne Führerschein«. Und schließlich der Fußball: Das Endspiel um die deutsche Meisterschaft 1959 gewann die Eintracht. So weit, so gut. Allerdings haben die Offenbacher Kickers von 105 bisher ausgetragenen Derbys insgesamt 43 gewonnen – die Frankfurter Eintracht nur 40. Besser wurde es auch nicht, als ein paar Jahre später die Bundesliga gegründet wurde, bei der sich sowohl die Kickers als auch die Eintracht sportlich qualifiziert hatten, aber aus unerfindlichen Gründen nur der Frankfurter Verein aufgenommen wurde. Aktuell kickt man am Bieberer Berg zwar in der Regionalliga Südwest, während die Eintracht europäisch spielt, aber die Rivalität der Vereine sitzt tief. Als Frankfurter kommt man also aus den erwähnten Gründen eher selten nach Offenbach. Deshalb entgeht einem auch einiges. So hat Offenbach zum Beispiel einen sehr schönen Wochenmarkt. Rund um den Wilhelmsplatz, wo der Markt seit 1903 regelmäßig stattfindet, gibt es zudem zahlreiche Lokale. Hier sitzt man im Sommer ganz idyllisch unter Kastanien – und ich muss gestehen: Ich wüsste nicht sofort, wo es in Frankfurt einen vergleichbar schönen Platz gibt. In einem Hinterhof in der Bieberer Straße produziert Familie L'Abbate seit über 40 Jahren hervorragenden Ricotta, Scamorza und Mozzarella. Es gibt die renommierte Hochschule für Gestaltung, das Deutsche Ledermuseum, in dem man beispielsweise anhand von über 15 000 Exponaten die Geschichte des Schuhs studieren kann, das Klingspor Museum, das sich der Kalligrafie, dem Künstlerbuch und dem Grafikdesign verschrieben hat. Und das »Robert Johnson« – ein Techno-Club im Offenbacher Stadtteil Kaiserlei, der im Ranking der besten Clubs der Welt immer einen der vorderen Plätze belegt. Gegründet hat ihn Ata Macias, der in Frankfurt unter anderem den »Club Michel« betreibt (siehe Lieblingsort Nr. 35). Und nicht zu vergessen: das Universum. Auch das finden Sie nur in Offenbach. Es ist sechs Meter breit und drei Meter fünfzig hoch und befindet sich seit 2008 am Rande des ehemaligen Offenbacher Mainhafens – eine Brache, auf der ein neues Stadtviertel entsteht. Es ist eine Lichtinstallation von Wiebke Grösch und Frank Metzger, mit der sie gleichzeitig auf Offenbacher Geschichte verweisen wollen. Denn »Universum« war auch der Name eines Kinos, das sich bis Anfang der 1990er Jahre unweit des Hafengeländes befand. Als es in den 1950er Jahren eröffnet wurde, war es eines der modernsten Kinos Deutschlands. »So wie das Kino musste auch der Hafen den veränderten gesellschaftlichen und ökonomischen Bedingungen weichen. Die Arbeit verbindet somit die Vergangenheit und Zukunft Offenbachs«, kommentieren Grösch und Metzger

ihre Arbeit. Ob es das Universum noch geben wird, sobald das
letzte Haus an Offenbachs Mainufer gebaut wurde? Man wird
sehen.

REGISTER